CITY CRIMES

PAOLO
LEVI

Du springst nur einmal

ROMAN

SCHERZ

Einmalige Ausgabe 1998
Einzig berechtigte Übertragung aus dem Italienischen
von Klaus Prost
Titel des Originals: »Ritratto Di Provincia in Rosso«

Umschlaggestaltung: Manfred Waller
Umschlagbild: The Image Press

I

»Und wenn sie nicht helfen?« fragte Signora Carbini und steckte das Rezept in ihre Handtasche.
Professor Morlacchi, elegant und gutaussehend in seinem weißen Kittel, öffnete ihr die Tür und schenkte ihr jenes strahlende und ansteckende Lächeln, das ihm mehr als seine unbestreitbaren medizinischen Fähigkeiten erlaubt hatte, seine Honorare zu erhöhen.
»Sie werden helfen, machen Sie sich keine Sorgen; und halten Sie sich an die Diät.« Immer noch lächelnd, mit der Hand auf der Türklinke, drängte er die Frau nach draußen, wie mit einem geheimnisvollen pneumatischen Druck, ohne sie zu berühren. »Und halten Sie mich auf dem laufenden«, schloß er mit leiserer Stimme, als ob er sagen wollte, daß er nur von ihr zu hören wünschte, wenn die erwartete Wirkung eingetreten war.
Signora Carbini, die noch zwischen Magenkrebs und Verstopfung schwankte, begann sich der zweiten Hypothese zuzuneigen. Sie seufzte erleichtert und bemerkte nicht einmal, daß Professor Morlacchi, der schon an etwas ganz anderes dachte, auf der anderen Seite die Tür leise mit der Schulter zuschob.
Für ihn war dies einer der glücklichsten Augenblicke des Tages – die Zeit, die ihm allein gehörte, außer in dringenden Fällen, zwischen der Sprechstunde und den Hausbesuchen; eine nachdenkliche Pause, die fast immer mit dem Nachlassen des Straßenverkehrs zusammenfiel, zwischen Sonnenuntergang und Dunkelheit, vor dem Einsetzen des Stoßverkehrs. Heute aber ging ein starker, heftiger Wind, ein Vorbote des Herbstes, der zum Nachdenken einlud.
Mit der Ruhe auf der Straße war es vorbei, der dröhnende Verkehrslärm setzte wieder ein. In seinem verträumten Zustand hatte Morlacchi übersehen, daß er den Augenblick verzauberter Stille nur einer roten Ampel verdankte. Inzwischen hatte er die Schuhe ausgezogen und die Füße auf die Schreibtischkante gelegt. Mit lebhaften Handbewegungen und den unklaren Gefühlen eines schlechten Gewissens zündete er sich eine Zigarette an. Professor Morlacchi pflegte Enthaltsamkeit vom Rauchen zu predigen – und heimlich zu rauchen, um nach außen den Eindruck zu erwecken,

daß er sich von jenem Laster befreit hatte, von dem die anderen sich beherrschen ließen.
Unten hatte das Umschalten der Ampel auf Grün den Verkehr erneut entfesselt. Wütende und gereizte Huptöne verlangten anmaßend und vergeblich, daß die anderen Autos gefälligst verschwinden sollten. Auch diese chronische Verstopfung des Verkehrs kündete nach einem verhältnismäßig ruhigen Sommer den Herbst an, und damit stellte sich erneut und dringend das Problem Viviana.
Es gab heute keine Capulets und keine Montecchios mehr, dachte Professor Morlacchi zerstreut, und noch weniger Othellos; heute wurden Ehebrecher von der Gesellschaft mit einer Art wohlwollender Solidarität betrachtet. Zum Ausgleich gab es den Verdruß im Straßenverkehr. Noch war kein Sänger erstanden, der die dramatische Geschichte besang, wie er auf der Via Cassia fuhr und von ihr in Tusculano erwartet wurde, drei Stunden Fahrt für eine hastige erotische Begegnung. Die Aufgabe, schwimmend den Bosporus zu überqueren, war im Vergleich dazu eine Kleinigkeit.
Andererseits wußte Professor Morlacchi, der rechtmäßig verheiratet und – nach drei Jahren ehelicher Hölle, die allein aus dem ständigen Zusammensein entstanden war – in Erwartung der Scheidung getrennt lebte, die Vorzüge einer Geliebten wie Viviana zu schätzen. Kostbar war sie wegen ihrer inneren Werte und wegen ihres Wohnorts, knapp achtzig Kilometer von Rom entfernt. Es entwickelte sich eine unsichere Liebe, die ihm zwar einen Teil der Zeit für seinen Beruf stahl, die aber ständig von den Absagen, der kleinbürgerlichen Geheimnistuerei, den lustvollen Erwartungen und dem Kummer schon zehn Minuten vor der Trennung genährt wurde. Der Geschmack von Vivianas bittersüßen Lippen, die zarte Haut ihrer Brüste, die kräftigen und besitzergreifenden Schenkel hatten Morlacchi in seinen geheimsten Bereichen aufgewühlt, seine Sehnsucht nach ihr stand in direktem Verhältnis zu ihrer Schönheit und wurde durch die Entfernung nur noch gesteigert.
Der Summer der Sprechanlage ertönte, und die Sprechstundenhilfe meldete einen weiteren Patienten an.
»Aber die Sprechstunde ist vorbei«, sagte Morlacchi, zog die Füße vom Schreibtisch und versteckte den Aschenbecher.

»Das habe ich dem Mann auch gesagt, er ist keiner unserer ständigen Patienten. Aber er ist sehr hartnäckig; er sagt, es geht um Leben und Tod.«
Dreißigtausend Lire in zwanzig Minuten, sagte sich Morlacchi nachdenklich. Und die Fälle auf Leben und Tod sind im allgemeinen die einfachsten.
Er bat die Frau, den Mann eintreten zu lassen, und obwohl er sich – schamhaft – mit einer metaphysischen Fähigkeit begabt glaubte, spürte er kein einziges Warnsignal vor der bösartigen Falle, in die er getappt war.
Er stand auf, um den Unbekannten zu empfangen, und gleichzeitig versuchte er einer alten Wette zuliebe eine flüchtige Diagnose; wenn er recht behielt, hatte er Anspruch auf einen zusätzlichen Whisky. Aber das einzig sichtbare Symptom der Krankheit des Mannes war eine gewisse Nervosität; seine Hände zitterten, und er hatte Mühe, seine Beherrschung zu wahren. Er war elegant gekleidet und sonnengebräunt (von einer Kreuzfahrt vor den türkischen Inseln, dachte der Professor); die Pupillen waren hellbraun, in einer gelblichen Hornhaut (eine leichte Leberinsuffizienz, nicht stark genug für einen dringenden Fall); eine gerade Nase, schmale Lippen; Anzeichen von Streß; er schien näher an fünfzig als an vierzig.
Nervöse Tachykardie und Angst vor einem Infarkt, diagnostizierte der Professor ohne Überzeugung. Übrigens hatte er an diesem Tag schon drei zusätzliche Whiskys gewonnen, das genügte.
Um sich zu beruhigen, zündete sich der Patient eine Zigarette an, ohne um Erlaubnis zu fragen. Er war also selbstbewußt, auch auf unbekanntem Gelände.
»Ich glaube nicht, daß wir uns kennen«, begann der Professor und nahm ein Formular zur Hand.
Der Mann schüttelte den Kopf. »Ich bin nicht aus Rom. Ein Freund hat mir vor ein paar Monaten von Ihnen erzählt. Professor, nur Sie können mich retten.«
Aber sicher, dachte Morlacchi. Mit einer Handbewegung und seinem besonderen Lächeln stoppte er den Redefluß, zu dem der andere ansetzen wollte. »Ihren Namen, bitte.«
»Bonfigli. Cesare Bonfigli.«
Olé! Morlacchi erlebte eine Extrasystole und das Gefühl eines

bevorstehenden Infarkts. Vor ihm saß kein anderer als der Gatte von Viviana.
Aber was will er? dachte er angestrengt, während er den Namen mehr malte als schrieb, um Zeit zu gewinnen. Ein Ehrenhandel? Ein Dänisches Duell? Eine Aussprache zwischen Ehrenmännern? Mit äußerster Vorsicht hob er den Blick. Der Mann wirkte unerschütterlich nervös, wenn man das so sagen konnte.
Vielleicht nur ein Zufall, tröstete sich Morlacchi und fuhr mit seinen Fragen fort. Der Mann gab neunundvierzig Jahre zu, eine gut geheilte Virushepatitis, einen Sturz vom Pferd ohne Folgen und eine alte Neigung zu Geschwüren am Zwölffingerdarm.
Im Übereifer fragte der Professor auch, woher er käme, aber es gab keinen Zweifel, die Stadt stimmte. »Ich kenne sie«, sagte er unbestimmt. »Und was hat Sie auf den Gedanken gebracht, zu mir zu kommen?«
Bonfigli senkte den Blick. »In einer Kleinstadt ist es gefährlich. Es gibt praktisch kein Arztgeheimnis. Und die Krankheit, an der ich leide, gilt als – nun, peinlich.«
Tripper, sehr gut. Aber ein Tripper gräbt nicht solche schmerzhaften Züge ins Gesicht, er zwingt nicht zu diesem charakteristischen Gang. Syphilis, du meine Güte! Der Mann meiner Geliebten hat Syphilis!
Die Gedanken in seinem Kopf überstürzten sich und verursachten ihm ein leichtes Schwindelgefühl. Wir sind in voller Besetzung, dachte er bei dem Versuch, sich in einen dürftigen Humor zu retten. Viviana behauptet, daß ihr Mann seit fünfzehn Jahren impotent ist; der Ehemann fängt sich eine Syphilis ein und kommt ausgerechnet zu mir, um sich Rat zu holen. Wassermann, für alle drei sofort einen Wassermann!
Er betrachtete sich im Wandspiegel. Das Lächeln war noch da, aber es wirkte etwas schlaffer und verlieh ihm einen dümmlichen Ausdruck. Irgendwie faßte er sich und fragte: »Um welche Krankheit handelt es sich denn?«
»Ich leide an – es ist nicht leicht zu erklären.«
»Versuchen Sie es«, sagte der Professor kühl.
»Kurz gesagt, ich habe den Wunsch, mich umzubringen.«
»Aha.«
Aber das sei es eigentlich nicht genau, fuhr Bonfigli fort; der

Gedanke an den Tod erschrecke ihn wie jeden anderen. Doch gleichzeitig leide er seit einigen Wochen an dieser fast unwiderstehlichen Versuchung, sich einmal die andere Seite anzusehen, auszuprobieren, was danach kommt, sich ins Meer zu stürzen oder aus seinem Büro im fünften Stock oder vor die Räder einer Eisenbahn.

Er suche die Gelegenheiten, und dann verharre er unbeweglich, schwankend zwischen dem furchtbaren Verlangen und den Resten seines Selbsterhaltungstriebs, und er versuche die schmeichelnde Stimme nicht zu hören, die ihm zuflüstere: Komm . . . komm . . . Sieh, wie wunderbar es ist . . . Und er stemme dann, schwitzend und atemlos, jeder Bewegung unfähig, die Füße auf den Boden, um nicht zu stürzen.

»Aber eines Tages werde ich nicht mehr die Kraft haben zu widerstehen, und ich werde mich loslassen . . .«

»Vielleicht wäre es besser, wenn Sie einen Nervenarzt konsultieren würden.«

»Aber ich bin doch nicht verrückt«, widersprach Bonfigli heftig. »Ich will nicht zu einem Irrenarzt. Ich weiß, daß nur Sie mir helfen können.«

»Gut, sehen wir mal nach«, sagte Morlacchi, der gar nichts verstand. Er forderte Cesare Bonfigli auf, sich auszuziehen.

Natürlich war er körperlich völlig gesund. Hier lag das Übel nicht. Und während der Untersuchung gelang es dem Professor nicht, den peinlichen Gedanken zu unterdrücken, daß er so unerwartet mit einem Mann in intimen Kontakt gekommen war, der, ohne es zu wissen, für ihn so etwas wie eine Art Schwager war.

Jener Leberfleck unter der linken Brustwarze zum Beispiel – ohne Zweifel hatte ihn Viviana eines Morgens geküßt; jene Beine hatten sich mit den ihren verschlungen, und jener kümmerliche Stengel, jetzt halb verdorrt, war vor Jahren mit Lymphe geschwollen gewesen, um dort einzutauchen, wo jetzt Professor Morlacchi alle zwei Wochen eintauchte.

Er nahm ein Instrument, das die Form einer Ahle hatte, und strich damit über den rundlichen Bauch und den Ansatz der Oberschenkel des Patienten; der Stengel schwoll an und richtete sich auf wie ein lebendiger Hampelmann. Der Schwager war doch nicht ganz so eingetrocknet.

Morlacchi richtete sich auf und zeigte wieder sein ansteckendes Lächeln, hinter dem er völlige Hilflosigkeit verbarg. »Nichts Ernstes. Eine Art nervöser Erschöpfung. Sie können sich anziehen. Ich verschreibe Ihnen ein Nervenaufbaupräparat und ein Beruhigungsmittel. Aber Sie sollten sich ablenken. Suchen Sie sich ein Hobby, vielleicht machen Sie eine Reise . . .«
»Das geht nicht. Nicht zu diesem Zeitpunkt.«
»Haben Sie einen Beruf?« fragte er sicherheitshalber.
Cesare Bonfigli machte eine unbestimmte Handbewegung. »Wer hat den nicht? Ich leite eine kleine Lebensmittelfabrik.«
»Gut. Ja, eine gewisse Nervosität ist heutzutage unvermeidlich. Jedenfalls, versuchen Sie, langsamer zu treten. Und seien Sie versichert: Wer an einer gewissen Phobie leidet, begeht nicht Selbstmord. Gerade die Angst vor dem Tod, die bei Ihnen ein Gefühl der Bedrücktheit hervorruft, überwindet alle Versuchungen. Auf jeden Fall, wenn diese Symptome der Besessenheit stärker werden, suchen Sie einen Nervenarzt auf, ohne falsche Scham. In Rom gibt es ein Arztgeheimnis.«
»Sie glauben nicht, daß ich echt gefährdet bin?«
»Absolut nicht.« Morlacchi stand mit dem fertigen Rezept auf. »Täglich drei Tabletten von dem Beruhigungsmittel, und alle vierzehn Tage eine Injektion des Aufbaupräparats. Und lassen Sie mich wissen . . .«
Cesare Bonfigli wirkte sehr erleichtert. Er warf einen Blick auf das Rezept, dann zog er die Brieftasche heraus.
»Bitte, draußen bei der Sprechstundenhilfe«, sagte Professor Morlacchi bescheiden und öffnete die Tür.

Manchmal sah Mario Aldara an der Wand ein unsichtbares Foto von sich, das nie jemand aufgenommen hatte; darunter stand mit unsichtbarer Schrift *unbrauchbar bei jeder Gelegenheit,* aber jetzt kümmerte ihn das nicht mehr.
Er tat, als ob er sich mit seinen Schnörkeln beschäftigte, und warf einen verstohlenen Blick auf seine Kollegen, die sich alle über ihre Akten und Notizzettel beugten. Bardella hatte gerade den Entwurf eines Labyrinths beendet, Carli zeichnete eine Reihe nackter Frauen ohne Arme und mit leeren Gesichtern, aber dann versah er sie mit Kleidern, um seine schmutzige Phantasie zu verbergen;

Morsetti hatte ein Dutzend Unterschriften in Schönschrift vollzogen, und jetzt war er damit beschäftigt, die Umrisse der großen Buchstaben mit Federstrichen und Pfeilen zu verzieren.
Mario Aldara hatte währenddessen seine gewohnte infantile Landschaft gezeichnet – ein Haus mit rauchendem Schornstein, zwei Bäume und einen Weg, der von rechts zur Haustür führte; am Himmel eine Wolke und zwei Flecken, die Schwalben darstellen sollten.
Morandi hatte Jahre damit verbracht, Flaschen zu malen, sagte Aldara sich zum Trost, aber er wußte, daß dieses Haus eine Freudsche Bedeutung hatte, und ihm genügte es, das zu wissen.
Es war die wöchentliche Versammlung des Koordinationszentrums des Politischen Sektors der Operativen Sektion der Vertraulichen Dienste des Innenministeriums. Der Name der Organisation war schwer zu merken, nur wenige kannten sie, und niemand wußte von ihren Aufgaben. Vielleicht war es nur Geschwätz, aber es hieß, daß die Organisation von einem wichtigen Mann der Mehrheitspartei erfunden worden war, um einem halb schwachsinnigen Vetter seiner Putzfrau Arbeit zu verschaffen. Wie alle schmarotzerischen Organismen entwickelte sie sich üppig, und jetzt war sie mehr als zwanzig Mann stark. In dieser Anhäufung verschwendeter Energie hatte Mario Aldara die nutzloseste Aufgabe; ihm oblag es, die verschiedenen südlichen Dialekte ins Italienische zu übertragen und eine Reinschrift der Berichte anzufertigen, die nie jemand lesen würde.
»Heute«, sagte der Leiter, Cavaliere Rapisani, »kann man nicht mehr unterscheiden zwischen subversiven Aktivitäten und gewöhnlichen Verbrechen. Zu häufig sind jene Verbindungen, die sich zu einem Netz verknüpfen . . .« Das war seine große Erfindung, die ihm erlaubte, die Verlautbarungen der Polizei zu übernehmen und einen gemeinsamen Nenner zu suchen. Bis jetzt war es ihm gelungen, gewisse Autodiebstähle mit bewaffneten Raubüberfällen in Verbindung zu bringen, ohne konkretere Ergebnisse zu erzielen.
Aldara bemerkte, daß er unbewußt neben dem Haus eine weibliche Gestalt gezeichnet hatte – Viviana, ohne Zweifel. Er machte sie mit starken Bleistiftstrichen unsichtbar und übermalte sie mit einem Zaun, aber es gelang ihm nicht, seine Beklemmung zu über-

winden; seit mehreren Monaten war diese Gestalt in den wöchentlichen Landschaften nicht mehr aufgetaucht, und Aldara begriff nicht, warum sie jetzt vom Grund wieder nach oben gestiegen war, wie eine Seeschlange, die sich aus der Tiefe gelöst hat. Er legte seinen Bogen zusammen, aber weil er nicht wußte, wohin damit, breitete er ihn behutsam wieder aus und begann eine Gans mit flatternden Flügeln zu zeichnen.

Der Raum war finster, und die Luft stickig; durch die Fenster kam ein lauwarmer staubiger Luftzug. Die Atmosphäre war nicht günstig für den Austausch zündender Ideen, und die Diskussion verlief schleppend und mit Unterbrechungen. Man sprach von einem arabischen Fotomodell, das vor fast einem Jahr ermordet worden war; man suchte Zusammenhänge mit Rauschgift, mit homosexuellen Racheakten und mit Guerillas. Das war ein Fall, der geeignet war, alle Sperren im Gehirn des Cavaliere Rapisani aufzuheben.

Aldara neigte zu einer eigenen, unsicheren Theorie. Er wollte sie vortragen, aber ohne Erfolg. Nicht weil man ihn nicht anhören wollte, sondern weil man ihn nicht verstand. In einer Gruppe von mehr als drei Personen ging seine Stimme unter, bevor sie die Zuhörer erreichte. Er versuchte die Aufmerksamkeit von Bardella zu erwecken, der die These von den Homosexuellen zerlegte, aber der erwiderte seinen Blick nur mit einem gleichgültigen und verständnislosen Ausdruck.

So machte sich Aldara wieder an seine Gans, die sich gut entwickelte, obwohl der eine Flügel etwas schief geraten war. In solchen Fragen fühlte er sich unsicher, wie ein Ektoplasma, er kreuzte den Weg der anderen, ohne sie abzulenken, vielleicht weil er nicht wirklich lebte.

Er zog sich in sein Gehäuse zurück und holte die Fühler ein, wie eine Schnecke, und so merkte er zu spät, daß die anderen aufzustehen begannen. Endlich legte er die Gans in den Aschenbecher; der schiefe Flügel zeigte anklagend in die Höhe. Er versuchte Bardella einzuholen, aber der war als erster gegangen, und die Schultern der Kollegen schoben sich zwischen die beiden. Jedenfalls war es nicht der Mühe wert, seine Hypothese vorzubringen. Was ihn anging, konnte das Fotomodell mitsamt seinem Mörder in Frieden ruhen.

Am Portal des Ministeriums blieb er stehen und überlegte, ob er in ein Kino und dann in eine Trattoria zum Essen gehen oder zu Haus essen sollte – es mußte noch etwas kaltes Huhn und ein hartes Ei da sein –, um mit seinem Science fiction-Roman weiterzukommen. Beide Möglichkeiten waren wenig verlockend, aber sie hielten sich die Waage, und so blieb er lange stehen und konnte keinen Entschluß fassen. Dann fiel ihm ein, daß im Fernsehen ein Fußballspiel sein mußte, und er entschloß sich, nach Haus zu gehen.

Fußball an sich konnte ihn nicht begeistern; ihn reizte nur der Augenblick des Torschusses, und das war inzwischen zu einer Art Zufallsspiel geworden, weil er aus dem einen oder anderen Grund im entscheidenden Augenblick immer abgelenkt war. Denn er schrieb oder aß vor dem kleinen Bildschirm, manchmal las oder malte er auch. Und so hatte er während eines berühmten Spiels, das vier zu vier ausging, eine Art Rekord aufgestellt. Er hatte sieben Tore versäumt, und nur das letzte in der Wiederholung gesehen.

Seine Wohnung bestand aus einem großen T-förmigen Zimmer mit einer kleinen, hinter einem Vorhang verborgenen Kochnische und einem Bad. Es sah aus, als ob ein Taifun den Raum verwüstet hätte. Pantoffeln mitten ins Zimmer geschleudert, ein Morgenrock auf dem Sofa, Bücher, Schallplatten, angefangene Zeichnungen, eine Statue von Pongo, lithographisches Werkzeug, alles lag, wo er es hatte fallen lassen. Aldara hielt das für ein wertvolles Zeugnis seiner Haltlosigkeit.

In den ersten fünf oder sechs Jahren nach dem Bruch mit Viviana, als er noch unter gewissen Energieausbrüchen litt, hatte er alle künstlerischen Aktivitäten erprobt, die in einem einzigen Zimmer möglich waren. Aber was er auch anfaßte – ob Leinwand zum Malen, Papier zum Schreiben oder Ton –, schien anfangs sehr vielversprechend und wurde plötzlich unbrauchbar wie ein nasser Docht.

Meine Schuld, nicht ihre, sagte sich Aldara, als er an Viviana dachte. Er warf einen Blick auf die ersten Seiten des Science fiction-Romans und riß sie eine nach der anderen sorgfältig heraus. Dann stand er auf, gab dem Morgenrock einen Fußtritt und brachte das Huhn und das Ei zum Sofa vor dem Fernsehgerät, aber bevor er mit dem Essen anfing, klingelte das Telefon. Er fuhr

herum und sah mit mißtrauischer Neugier auf den Hörer, bevor er ihn abhob.
»Signorina Frida?« fragte eine männliche Stimme sehr vorsichtig.
»Sie haben sich verwählt. Signorina Frida hat die Nummer 32 69 433. Und hier ist 32 69 443.«
»Oh! Entschuldigen Sie«, erwiderte der andere noch leiser. Aldara glaubte ihn zu sehen, ohne Umrisse, aber mit dem Ausdruck eines Mannes, der sich bewußt wird, daß er in aller Öffentlichkeit die Hosen verloren hat.
»Das kommt vor, vielleicht ein Wackelkontakt«, erklärte Aldara höflich, während wildes Aufschreien im Fernsehapparat ihm verkündete, daß er das erste Tor verpaßt hatte.
Er kehrte rechtzeitig zu seinem Ei zurück, um zu sehen, wie die Spieler sich gratulierten oder ihrer Verzweiflung in Gesten Ausdruck gaben, die einer griechischen Tragödie würdig gewesen wären, und er dachte flüchtig an Signorina Frida und das sonderbare Band, das sie vereinte. Fast wäre er versucht gewesen, sie ebenfalls anzurufen, aber er konnte sie sich auch so recht gut vorstellen. Groß, mit blonder Perücke und exotischem Auftreten, in einem Hausmantel mit grellen Farben. Dreißig Jahre, aber aufgemacht wie eine Achtzehnjährige. Er ließ es lieber dabei, daß jeder in Frieden seine Einsamkeit genoß.
Er schluckte das Eigelb hinunter, das sich an seinem Gaumen festgesetzt hatte, und dachte: Morgen gehe ich zu einem Mädchen.

Der Wind drängte sich mit der tobenden Wut eines wilden Bisons durch die mittelalterlichen Straßen; er führte schwere, bedrohliche Wolken mit sich, die aber noch keinen Regen brachten.
Viviana beherrscht die Kunst der Intrige, dachte Professor Morlacchi mit der Duldsamkeit, die körperlicher Liebe folgt, als er aus dem Tor trat. Mit siebenunddreißig Jahren offenbarte sie die Eigenschaften einer Kurtisane der Renaissance und entwickelte eine wilde Weiblichkeit, die durch einen Hauch Quäkertum noch unterstrichen wurde – und das alles in einem Irrgarten übertriebener Vorsichtsmaßnahmen. Es ist kaum vorstellbar, daß in einer Stadt von dreißigtausend Einwohnern, die den Klatsch lieben, unbemerkt eine außereheliche Beziehung bestehen kann zwischen einer Frau, die in der Gegend sehr bekannt ist, und einem durch

bestimmte Merkmale ebenfalls nicht unbekannten Mann, der noch dazu seit mehr als einem Jahr alle zwei Wochen seinen Maserati immer an derselben Ecke parkt.
Viviana hatte erklärt, daß die Stadt nicht eigentlich Keuschheit verlangte, sondern nur ein ehrliches Bemühen, den äußeren Schein zu wahren. Die Öffentlichkeit erregte sich nicht mehr über einen einfachen Ehebruch, aber sie fühlte sich angegriffen, wenn er aus offensichtlicher Gleichgültigkeit nicht verheimlicht wurde. Und so, resümierte Morlacchi, hatte Viviana seit zwanzig Jahren diese Stadt beherrscht. Er fügte sich ihren Argumenten.
Aber diese setzten eine ganze Reihe ergänzender Vorsichtsmaßnahmen voraus, konventionelle Telefongespräche mit verschlüsselten Kennworten, die ihren Nachrichtenaustausch verunsicherten. Und trotz aller Verabredungen konnte es geschehen, wie heute – ein Samstag, den sie für ihre Zusammenkünfte bevorzugten –, daß Viviana etwas Unvorhergesehenes zu erledigen hatte und sich für höchstens eine halbe Stunde freimachen konnte.
Morlacchi ging zu seinem Maserati und sagte sich zum Trost, daß die Unsicherheit den Vorteil hatte, ihre Liebesbeziehung in Schwung zu halten. Nur wußte er nicht, was er jetzt tun sollte.
Am Ende der Gasse überfielen ihn gleichzeitig ein scharfer Windstoß und jene sonderbare Gestalt, die blitzartig aus der Nische des Hauses hervorschoß und die er anfangs für eine Statue gehalten hatte. Mit starrem Blick schlug er den Rockkragen abwehrend bis zu den Wangen hoch.
Sie trafen aufeinander und erkannten sich sofort.
»Professor!« rief Cesare Bonfigli lebhaft. »Sie schickt mir der Himmel . . .«
Wohl kaum, dachte Morlacchi und wurde rot.
Der andere packte ihn am Ärmel und zog ihn mit sich; er war sehr aufgeregt. Vor einer halben Stunde hatte er sich vor die Räder des Postautos geworfen, der Fahrer hatte gerade noch bremsen können, und er lag mitten auf der Straße, in Schweiß gebadet, mit leerem Kopf, gepackt von jener unsinnigen Versuchung und dem Entsetzen, ihr nachgegeben zu haben. Wenn die Vorsehung nicht jetzt den Professor geschickt hätte – nennen wir es Vorsehung, dachte Morlacchi –, so wäre er unfähig gewesen, sich aus jener Nische zu lösen, in der er Zuflucht gesucht hatte. Aber wie kam es, daß Mor-

lacchi ausgerechnet hier auftauchte?

»Ein Krankenbesuch«, murmelte Morlacchi zwischen den Zähnen und ließ sich in eine vornehme Barockvilla und dann in einen sehr altmodischen Aufzug zerren.

Sie sahen sich etwas verlegen an, und für einen Augenblick herrschte bedrücktes Schweigen. In diesen zwei Tagen schien Bonfigli gealtert zu sein, er hatte fieberglänzende Augen, die Lippen waren verzerrt, die eingefallenen Wangen brannten rot und ließen ihn wie einen Truthahn aussehen. In dem Spiegel hinter ihnen entdeckte Morlacchi in seinem eigenen Gesicht den Ausdruck eines Vollidioten. Er erinnerte sich plötzlich, daß er bei dem Streit mit Viviana über jene halbe Stunde nicht die Zeit gehabt hatte, sich nach dem Grund ihrer Verhinderung zu erkundigen, und er hatte ihr auch nicht von seinem neuen Patienten berichtet. Viviana sprach nie über Cesare, aus Uninteressiertheit oder aus Scham, und sie hatte auch nie seine krankhaften Depressionen erwähnt.

Das alles begann lästig zu werden. Angenommen, er würde jedesmal über diesen Verrückten stolpern, mit seinen Ängsten und seiner Dankbarkeit! Ein schöner Zeitvertreib.

»Was kann ich tun, um mich zu retten?« fragte Bonfigli aufgeregt, als er seinen Gast in ein leeres, luxuriöses Wartezimmer führte. »Ich will leben. Ich habe keinen Grund, mich umzubringen.«

Morlacchi fühlte ihm den Puls, nur um etwas zu tun. Er fand ihn beschleunigt, wie erwartet, aber regelmäßig. »Haben Sie das Beruhigungsmittel genommen? Und sich die Injektionen geben lassen?«

»Natürlich. Es war wirkungslos. Professor, ich habe Angst. Was soll ich tun?«

»Schauen wir mal«, erwiderte Morlacchi vage. Elektroschock? Schlafkur? Ein starkes Neurolytikum? Nein, die beste Lösung war es, ihn einem Psychiater anzudrehen und sich die Hände in Unschuld zu waschen.

»Es ist, als ob mich jemand in zwei Teile spalten würde«, jammerte Bonfigli und legte seine Hand auf die andere, die ihm den Puls fühlte. »Der eine Teil lacht, ist glücklich und stößt mich in den Tod; ich glaube ihn zu hören; innen, zufrieden liegt er auf der Lauer. Der andere . . .«

»Beruhigen Sie sich«, sagte Morlacchi müde. »Was Sie heimsucht, ist nicht der Bann des Todes. Es ist der Bann der Angst. Deshalb gibt es keine wirkliche Gefahr.«
Zweifelnd fragte er sich, ob das stimmte.
»Machen Sie es sich bequem, Professor. Ich glaube, ich fühle mich ein bißchen besser. Einen Schluck Whisky?«
»Danke, gern.«
Lächelnd verließ Bonfigli den Raum. Morlacchi sah sich zerstreut um; das Zimmer war von einem Fachmann eingerichtet worden, mit einer Mischung von französischem achtzehnten Jahrhundert und einer modernen Linie, die irgendwie neureich wirkte, aber auf geheimnisvolle Weise hielt sich alles im Gleichgewicht. Der einzige Mißton war er, Morlacchi, der hier fehl am Platz war. Und mit diesem Gedanken wurde ihm ein leises, knackendes Geräusch bewußt, das seine Sinne ihm seit einigen Sekunden vergebens übermittelt hatten – Bonfigli verschloß die Tür von außen mit einem Schlüssel.
»He! Was tun Sie? Bonfigli!« rief Morlacchi alarmiert und rüttelte an der Türklinke. »Bonfigli! Machen Sie auf.«
Als Antwort kam ein Schrei, heiser und entsetzt, von der Vorderseite des Hauses, und kurz danach ein dumpfer Schlag auf dem Straßenpflaster, fünf Stockwerke tiefer.
»Verdammt!« flüsterte Professor Morlacchi atemlos. »Er hat es getan.«
Dann wurde sein Kopf schlagartig klar, und ihm wurde bewußt, daß er sich in einer Lage befand, die alles andere als beneidenswert war. Seine Beine begannen zu zittern.

Im ersten Augenblick hatte sie ihren Kunden als einen kleinen Glücksfall angesehen. Er war ein freundlicher Mann, um vierzig, schlank, gut erzogen, dezent gekleidet, und er hatte nicht um den Preis gefeilscht.
Jetzt jedoch, in seinem Auto, begann sie ihre Ansicht zu ändern. Sie wußte mehr aus atavistischer Überzeugung als aus persönlicher Erfahrung, daß man Glücksfällen mißtrauen soll. Mit einem Straßenhändler aus Trastevere oder einem Fernfahrer auf der Durchreise wurde sie rasch fertig. Die feinen Herren dagegen hatten immer unangenehme Wünsche. Warum gingen sie sonst zu

einer Nutte?
»Gibst du mir eine Zigarette, Blonder?« fragte sie lachend.
»Brünetter«, berichtigte er höflich.
Das Mädchen gab explosionsartige verkrampfte kleine Lachsalven von sich, die von kurzen Pausen unterbrochen wurden. Sie begann wirklich unruhig zu werden. Von vorn sah er beachtlich aus, die Augen waren braun mit grünen Punkten, die Nase kurz und gerade, die Lippen dünn und gut gezeichnet; das Profil dagegen war kaum angedeutet, wie eine flüchtige Skizze. Und er lachte nicht.
»Bist du traurig? Warum? Hat deine Liebste dich versetzt?«
»So könnte man sagen.«
»Mach dir nichts draus.« Sie schob eine Hand zwischen seine Schenkel, aber der Kunde rückte ohne Eile von ihr fort. »Wir beide werden uns schon amüsieren. Weißt du, du bist mein Typ. Wirklich. Und ich, gefalle ich dir?«
»Es geht«, sagte Aldara gleichgültig und hielt vor seinem Haus.
Das Mädchen hatte Hunderte von Junggesellenwohnungen gesehen und war kaum zu überraschen, aber hier schien die Unordnung einem echten Plan zu entspringen. Sie als perfekte Hausfrau hatte das Gefühl, in einer Art von erstarrtem Alptraum gefangen zu sein.
»Bist du Künstler?« fragte sie mit einem albernen Lachen.
»Nein.«
»Laß mich raten. Tontechniker? Bist du beim Fernsehen?«
Aldara schüttelte den Kopf, ließ sich in einen Sessel fallen und zeigte auf den Kühlschrank. »Mach uns etwas zu trinken.«
Er sah sie schweigend an und dachte, daß er sie vielleicht, wenn er einen guten Vorwand suchte und sie bezahlte, gleich wieder fortschicken konnte. Aber er wußte, daß er das nicht tun würde. Es war nur eine Stimmung, die vorüberging, wie immer.
»Es ist hübsch hier«, sagte sie mutig. »Lebst du allein?«
»Ja.«
»Du, ich bin nicht neugierig – aber wie machst du das?«
»Ich suche mir eine Nutte«, sagte Aldara und bereute es sofort, obwohl es wirklich so war.
Das Mädchen tat beleidigt, aber ohne Überzeugung.
»Soll ich mich ausziehen?« Sie nahm einen kräftigen Schluck

Whisky und begann mit der freien Hand unter Verrenkungen den Reißverschluß zu öffnen; es erschien ein roter Büstenhalter, dann ein dunkler Nabel, umgeben von einem Fettpolster, und dann die kleine Blinddarmnarbe.
Das Telefon klingelte. Das Mädchen unterbrach ihren Striptease und sah den Mann fragend an.
»Eine falsche Nummer«, sagte Aldara, der an Signorina Frida dachte, und hob den Hörer ab.
Es war keine falsche Nummer. Er sagte »Hallo«, kurz und verwundert, und dann eine Weile nichts mehr. Aber plötzlich wurde klar, daß er nicht einverstanden war.
»Du bist verrückt«, sagte er. »Ich war seit zwanzig Jahren nicht mehr dort, ich kenne niemanden mehr, und ich beabsichtige nicht, alte Freundschaften zu erneuern.« Und es kümmerte ihn durchaus nicht, ob alle anderen unabkömmlich waren.
Der Anrufer ließ sich nicht entmutigen. Seine Stimme, die bis ans Ohr des Mädchens drang, klang südländisch erregt, aber autoritär. »Es ist nur eine Kleinigkeit. Du siehst dir die Sache an und kehrst wieder um. Es ist nur ein Toter da.«
»Und was geht uns das an?« fragte Aldara. Er schob dem Mädchen das Glas hin und gab ihr ein Zeichen, daß sie austrinken sollte. Sie gehorchte, mit nackten Füßen, das Kleid halb heruntergezogen und die Ohren gleichsam gespitzt wie eine erschreckte Katze. Sie begann sich zu fragen, ob ihr Kunde eine Art Polizist war.
Die Stimme im Hörer wurde lauter und war im ganzen Zimmer deutlich zu verstehen. Vielleicht war es nicht wichtig, du meine Güte, aber es handelte sich um ein großes Tier, um einen Milliardär, Bezirksabgeordneter mit einem gewissen politischen Einfluß, und so was stürzt sich ohne Grund aus dem Fenster. In der Zentrale wollten sie nur eine Bestätigung haben, daß es Selbstmord war. Nur eine formelle Bestätigung, sonst nichts, du meine Güte.
»Wer war es?« fragte Aldara und schwenkte das Glas, um das Eis aufzulösen.
»Er hieß Bonfigli.«
Er schien nichts gehört zu haben, nur der Rhythmus der Bewegung, mit der er das Glas schwenkte, wurde langsamer. Sein Blick war so starr auf einen bestimmten Punkt gerichtet, daß das Mäd-

chen sich umdrehte, um nachzusehen, aber es war nichts da. Es vergingen einige Sekunden, und die kreisende Handbewegung war das einzige Lebenszeichen von ihm.
»He!« schrie der andere ins Telefon! »Mario! Hallo, hallo, Mario! Mein Gott, Mario!«
»Bonfigli war sein Name?« fragte Aldara und starrte auf den Punkt, an dem nichts war.
»Bonfigli – warte – Cesare. Hast du ihn gekannt?«
»Ich habe ihn gekannt.« Aldara warf dem Mädchen einen ernsten Blick zu, als ob er sie etwas fragen wollte. »Ich komme«, sagte er ins Telefon.

2

Von der Autobahn wirkte die Stadt, unscharf gegen die gelblichen Wolken der Morgendämmerung, wie ein Dinosaurier, der sich an die Hügel schmiegte. Der Dom stellte den unförmigen gehörnten Kopf des prähistorischen Ungeheuers dar, während der Schwanz neueren Datums war, eine Reihe moderner kleiner Häuser in Richtung zum Bahnhof. Etwas weiter draußen auf dem Land standen die *Mulini*, die Fabrik der Bonfigli, häßlich, aber mit einer würdigen, ehrfurchtgebietenden Hoheit.
Mario Aldara verließ die Autobahn an der Ausfahrt und fuhr, fast wie in einem Traumzustand, die alte verlassene Provinzstraße entlang. Seit drei Stunden versuchte er einen Eindruck loszuwerden, den der Tod von Cesare in ihm geweckt hatte. Aber es gelang ihm nicht einmal, den kleinen Klumpen Glut, der in ihm brannte, zu überzeugen, daß er jetzt nach zwanzig Jahren der Trennung jedenfalls aus dem Spiel war.
Im Inneren der Stadt kam das einzige Geräusch vom Wind, der zwischen den Mauern heulte, als ob er sich nur in den engen, steilen Straßen austoben könnte. Er machte ihn verrückt.
Aldara fuhr ganz mechanisch bis zur oberen Piazza und hielt vor der Fassade des Doms, die in orangefarbenem Licht leuchtete, dann fuhr er wieder nach unten zum Zentrum. Die Stadt, die nach einem kurzen Aufblühen im Mittelalter fünfhundert Jahre des

Verfalls verschlafen hatte, wirkte im Inneren keineswegs mehr wie ein Dinosaurier, sondern eher, zersplittert durch ihre vielen Gassen und Arkaden, wie die Kulisse eines schlechten Theaterstücks. Häuser aus dem vierzehnten Jahrhundert lehnten sich an Bauwerke, die im grellen Stil der Faschisten verputzt waren, eine Snackbar hatte sich in einem erlesenen barocken Bogengang niedergelassen, grauenerregende Plakate für einen Horrorfilm leuchteten bunt neben einer gotischen Kapelle.

Das Haus, in dem Mario Aldara gelebt hatte, bis er vierundzwanzig gewesen war, schien auf den ersten Blick unverändert, nur die Geranien an den Fenstern waren verschwunden, und die drei steinernen Stufen waren vielleicht etwas abgewetzter. Er versuchte sich als Jungen im gelben Halbschatten vorzustellen, aber bevor es ihm gelang, tauchte das Bild seines Vaters vor ihm auf, allerdings nicht die wirkliche Gestalt, an die er sich nur schwach erinnerte, sondern diese Fotografie im Silberrahmen mit den drei verwelkten Veilchen an der unteren Ecke und dem durch das Blitzlicht etwas erschreckten Gesichtsausdruck. Er hatte einen großen Schritt geschafft, sein Vater, vom Bauernsohn zum Tischler, und er brachte einen Geruch nach Harz und Schweiß ins Haus, das charakteristische Zeichen des erreichten neuen Wohlstands. Das waren die beiden lebendigsten Eindrücke – der Geruch von frischem Holz und das Bild, unter dem mit unsichtbarer Schrift geschrieben stand: *Im Krieg zu vernichten.* Sein Vater war der Typ, der nicht anders enden konnte, obwohl er nichts von einem Helden an sich hatte. Wenn nötig, wurde ein Krieg vom Zaun gebrochen, nur damit Leute wie er ums Leben kamen. Tatsächlich war er in Äthiopien noch davongekommen, wohin man ihn geschickt hatte, um für den Duce zu kämpfen, aber die zweite Gelegenheit in Albanien hatte er sich nicht entgehen lassen.

Aldara stellte den Motor ab und dachte, daß unter dem Bild seiner Mutter, das es nicht gab, weil sie eine heftige Abneigung gegen Fotoapparate hatte, statt dessen stehen müßte: *Zur Witwenschaft bestimmt in der Blüte der Jahre, um sich zu opfern.* Denn wirklich war sie, als Mario, nach vielen Mühen, seinen eigenen Weg ging, sofort zu Delia gereist, die mit einem Uhrmacher aus Turin verheiratet war. Sie wollte sich zur Ruhe setzen. Aber man kann den unsichtbaren Inschriften unter Bildern nicht entfliehen; jetzt widmete sich seine Mutter, unzufrieden und bedrückt, weil ihre alte Tüchtigkeit nicht mehr gebraucht wurde, entschlossen der Tochter, dem Schwiegersohn und dem Enkel, ein Opfer voller Groll, denn sie war unfähig, zur Kenntnis zu nehmen, daß ihr Opferwille weder verlangt noch freudig begrüßt wurde.

Für einige Minuten lenkten ihn beklemmende Gedanken an Viviana ab. Er löste die Bremse und fuhr den »Corso« hinab, mit abgestelltem Motor, um den Schlaf der Stadt nicht zu stören. Dann, an dem kleinen Platz, bog er nach links ab, und ohne es zu wollen, kam er genau bis zu dem Tor, an dem noch immer das grüne Messingschild glänzte: *Dr. Egidio Moroni, Facharzt für Inneres, Strahlentherapie, Gynäkologie und Herzkrankheiten. Sprechstunden 10–12 und 16–19 Uhr.*

Dr. Moroni mußte inzwischen ziemlich alt oder sogar schon gestorben sein, und das Schild hatte vielleicht nicht mehr die bedrohliche Bedeutung wie vor zwanzig Jahren. Von Aldaras Unfähigkeit, sich genau zu erinnern, war nur sein erbitterter Haß auf den Arzt ausgenommen, denn ihm schrieb er, zu Unrecht, die ganze Verantwortung für alles zu, was geschehen war.

Er stieg aus dem Auto, stellte sich vor das Tor und fluchte – eine unfromme Wallfahrt –, und er schmeckte das bittere Verlangen nach Rache zwischen den Zähnen, bis das Heulen des Windes fast betäubend wurde und plötzlich abbrach.

Er drehte sich um und entdeckte, daß es nicht der Wind war, sondern ein Motorrad, das hinter ihm hielt. Er betrachtete es neugierig. Eine junge Person nicht eindeutigen Geschlechts musterte ihn ebenfalls neugierig, auf ein Bein gestützt, den ganzen Körper angespannt, um die schwere Honda zu halten. Der Sturzhelm mit dem bunten Visier verlieh ihr das Aussehen eines Monstrums aus einem Science fiction-Roman. Man sah nur die verächtlichen roten Lippen. Mario schätzte sie auf zwölf, vielleicht dreizehn, ziemlich schmächtig für die schwere Maschine zwischen ihren Beinen. Dann entdeckte er eine verdächtige Ausbuchtung an ihrem Oberkörper, gleichzeitig schob das Mädchen das Visier des Sturzhelmes in die Höhe, und schlagartig stieg das Alter um fünf oder sechs Jahre an.

Scott Fitzgerald fiel ihm ein, sie schien »schön und verdammt«. Sie war bleich und graziös, und die sehr großen Augen sahen

erschreckt aus.
Sie starrten sich einige Minuten an, und Mario hatte eine unerklärliche Halluzination, außerhalb der verschwommenen Welt, in der er seit drei Stunden lebte; er sah das Bild des Mädchens auf der Kommode in seinem alten Haus, an der Stelle, wo das seines Vaters stand, und die unsichtbare Unterschrift lautete: *Zur Aufgabe in der Blüte des Lebens.* Fast glaubte er, den Dunst der Verwesung zu riechen, der von ihr ausging.
Ihn schauderte; er zündete sich eine Zigarette an. Das Mädchen starrte ihn im trüben Licht der Laterne weiterhin aufdringlich an, offenbar um ihn zu zwingen, ihr auch eine anzubieten. »Danke«, sagte sie, als sie sie nahm. Ihre Stimme war die eines jungen Mädchens. Sie stieß eine dichte Rauchwolke aus, als ob sie Marihuana rauchte, und fuhr ernsthaft fort: »Guten Tag. Schon auf den Beinen oder noch auf den Beinen?«
»Noch auf den Beinen.«
»Dann gute Nacht. Welches ist der Kreis, wo ein ewiger Wind weht?«
»Wie meinen Sie? Ach so! Die Zweite Hölle. Die Wollüstigen.«
»Bravo!« Sie lachte herablassend. »Willkommen im zweiten Kreis. Man sagt, der Wind dauert drei Tage, und dann kommt ein Gewitter und wäscht alles ab.«
Sie trat auf den Starter der Maschine, und ein donnernder Lärm setzte ein. Mit einem Satz fuhr sie los, streifte ein parkendes Auto, dann eine Hausecke und verschwand in einer Nebenstraße.
Er erinnerte sich an etwas. Ganz plötzlich fiel ihm auf, daß ihre Augen den gleichen eigensinnigen und hoffnungslosen Ausdruck hatten wie die von Viviana an jenem letzten Abend auf dem Campo.

Er nahm ein Zimmer im Hotel *Clementi* – ein bescheidenes, aber recht bequemes Haus, das im Michelin-Führer erwähnt ist – statt im modernen Motel am Bahnhof.
Die alte Clementi erkannte ihn nicht und schien sich auch an seinen Namen nicht zu erinnern. Er erkannte sie mit einem kleinen Schreck, als er sie vor sich sah; sie wirkte vertrocknet, und die Haut an den Armen war faltig wie der Hals eines Pelikans. Sie sah gebrechlich aus, aber das hatte sie schon vor dreißig Jahren getan;

wahrscheinlich war sie noch nicht siebzig.
Er hatte Glück, sagte die Clementi. Das Haus war voll, aber ein Geschäftsreisender war gerade abgereist. Wenn er zehn Minuten wartete, ließe sie das Zimmer durch das Mädchen in Ordnung bringen.
Aber sobald er in dem Zimmer war, fühlte er sich bedrückt. Seit Jahren hatte er sich befreit geglaubt, hatte sich damit abgefunden, für sich allein zu leben, und dieser plötzliche Rückfall war beklemmend für ihn.
Er sah die nasse Seife im Bad, die schmutzigen Handtücher, ein graues Haar im Waschbecken, das ungemachte Bett, die Reste einer Mahlzeit und eine Zeitung der äußersten Rechten im Papierkorb, und er fühlte sich angeekelt, weil er auf diese Weise gezwungen war, sich in das schmutzige Privatleben eines Unbekannten zu drängen.
Das Auftauchen des Zimmermädchens lenkte ihn ab. Ihre Augen waren klein vom Schlaf. Sie trug eine Art Hausmantel, vorn nicht ganz geschlossen, so daß ein kurzes, zerknittertes Nachthemd zu sehen war, das unten zwei kräftige Beine und oben den Ansatz des Busens freiließ. Sie war schön, die zerzausten Haare fielen ihr in die Stirn und gaben ihr das Aussehen eines wilden Tieres. Als sie die frische Wäsche auf die Matratze warf, beugte sie sich vor, und der Morgenrock spannte sich über ihrem Gesäß und zeichnete die Umrisse wirkungsvoll nach. Darunter sah man die Rückseite der Knie, wo die Haut weich und aufregend war.
Die Herausforderung dieser Stellung konnte nicht rein zufällig sein. Mit einem Ruck besiegte Mario Aldara seine Schüchternheit und sagte: »Gehen Sie auch mit den Gästen ins Bett?«
»Wie? Manchmal, wenn ich Lust habe«, erwiderte sie unbeweglich und ohne sich aufzurichten. Aldara entdeckte, daß er sich mit einem Hinterteil unterhielt.
»Und jetzt – haben Sie Lust?« Das Mädchen drehte sich langsam um und warf mit einer Hand die Haare zurück. Sie stützte sich gelangweilt auf seine Schulter.
»Also«, sagte Aldara und stand auf. »Warum hier die Zeit mit Arbeiten verschwenden. Gehen wir in Ihr Zimmer.«
Mit einem Nicken stimmte sie zu und ging ihm voraus in den Flur, dann die Treppe hinauf bis zu einer Art Mansarde im vierten

Stock. Sie machte Platz, um ihn vorbeizulassen, und unbeabsichtigt streifte er mit dem Ellbogen ihren Busen. Er entschuldigte sich, wie ein Idiot, und sie lachte und hängte sich an seinen Hals, ohne Eile und ohne Leidenschaft. Sie küßte ihn, erst mit der Zunge und dann mit den Lippen.
Eine echte Nutte, dachte Aldara zufrieden, und die Beklemmung begann sich zu verflüchtigen.

Als er vier Stunden später erwachte, war Rosa verschwunden. Er brauchte ein paar Minuten, um zu begreifen, was den Mißklang ausmachte. Die Madonna mit dem blauen Mantel am Kopfende des Bettes paßte ausgezeichnet ins Bild, und ebenso der Schrank, dem ein Bein fehlte, das Bett aus Tannenholz, das drei Viertel des Zimmers einnahm, das Fenster mit den gestopften Vorhängen und die halboffene Schublade, in der etwas Wäsche und Schmuck zu sehen war. Alles auf seinem Platz, alles passend. Trotzdem war irgend etwas überflüssig – oder etwas fehlte.
Achselzuckend begann er sich anzuziehen, er lechzte nach einem Kaffee, aber mit einem Schlag hielt er inne, drehte sich um und betrachtete die halboffene Schublade. Der Mißklang war hier, gleich hinter dem Armband, den Filigranohrringen, den Ringen und den Phantasiehalsbändern. Es war ein Fotoapparat der oberen Klasse, ein Prachtstück aus Deutschland, mindestens dreihunderttausend Lire wert, mit einem Teleobjektiv.
Er war leer. Mario nahm ihn in die Hände, und mit dem Auge am Sucher durchforschte er den Ausschnitt der Stadt, den das Fenster einrahmte. Er brauchte nicht lange zu suchen. Die beiden Häuserreihen an der Straße liefen an einem Platz zusammen und führten den Blick zwangsweise an einen bestimmten Punkt. Über den feinen Gesimsen aus gemeißeltem Stein waren ein viertes und fünftes Stockwerk aufgesetzt worden, nur aus Glas und Stahl. Auf dem Dach war eine große Tafel mit weißen Buchstaben auf blauem Grund: *Mulini Bonfigli,* S.p.A.
Aldara richtete das Teleobjektiv nach unten auf das zum Zeichen der Trauer fast geschlossene Tor, hob es um fünf Stockwerke und richtete es auf das linke Fenster, von wo Cesare Bonfigli vor zwei Tagen ins Leere gestürzt war.

Beim Lesen des Telegramms vom Ministerium hatte sich der Maresciallo der Carabinieri, Bradolin, wer weiß was vorgestellt. Und jetzt stellte sich heraus, daß dieser Dr. Mario Aldara ein unsicherer Typ und aus irgendeinem Grund viel nervöser war, als er zeigen wollte. Beim Sprechen zögerte er bei den Konsonanten, wie ein Mann mit Schmerzen bei einem unbekannten Zahnarzt, und stockend sprach er weiter, als ob er sich seiner Rolle schämte. Maresciallo Bradolin wußte nach vierzig Dienstjahren sehr genau, daß man sich auf den ersten Eindruck nicht verlassen darf. Prüfend sah er seinen Gesprächspartner an, aber es gelang ihm nicht, sein Urteil zu ändern, und das verwirrte ihn.

»Ich möchte zunächst feststellen«, hatte Mario Aldara gesagt, nachdem er sich gesetzt hatte, »daß ich nicht hier bin, um eine Untersuchung zu führen. Ich wüßte auch nicht, wo ich anfangen sollte. Ich soll nur einen Bericht über den Tod von Bonfigli schreiben, und ich füge hinzu, daß das Ministerium sich meiner Ansicht nach nicht so sehr für die wirklichen Tatsachen als vielmehr für die offiziellen Ergebnisse interessiert. Ob der Tod auf einen Selbstmord oder einen Unfall zurückzuführen ist und insbesondere, daß es keine politischen Hintergründe gibt.«

Politische Hintergründe klingt gut, dachte der Maresciallo. Der Mann wollte sein Ansehen auf Phrasen gründen. Er breitete die Arme aus und lachte behäbig. Er war fast das genaue Gegenteil von Aldara. Er hatte einen schweren Körper, breit und groß, das gerötete Gesicht des Trinkers und den Wanst des Feinschmeckers. Unter den noch dichten grauen Haaren, die kurz geschnitten waren, zwei halbgeschlossene Augen, zwischen Grau und Hellblau, und eine große Adlernase, die man fürchten konnte, wenn man sie sah.

»Ich glaube, die Leute im Ministerium können sich beruhigen. Bis zu diesem Augenblick gibt es keinen Zweifel, daß Dr. Bonfigli Selbstmord begangen hat. Im Augenblick des Sturzes war das ganze Haus leer, es wird nämlich nur für Büros benutzt, und am Samstag nachmittag ist niemand mehr da. Jemand auf der Straße hat den Körper fallen sehen.«

»Hat er nicht geschrien? Ich glaube irgendwo gelesen zu haben, daß Selbstmörder schreien. Das heißt, wenn sie zurückschrekken . . .«

»Nicht immer. Ich glaube, es gibt da keine Regel. Es scheint allerdings, daß jemand geschrien hat, aber es steht noch nicht fest, ob es Bonfigli oder ein Augenzeuge war. Wissen Sie, bei manchen Fällen ist das einzig Sichere eine riesige Konfusion.«
»Gewiß«, sagte Mario mit einem bestätigenden Lächeln.
»Die Autopsie hat nocht nicht stattgefunden, aber ein vorbeikommender Arzt hat die Leiche untersucht, und er hat keinen Zweifel wegen der Todesursache. Vielfache Knochen- und Schädelbrüche.«
»Wer war es?«
Der Maresciallo sah ihn erstaunt an.
»Ich meine, der Arzt.«
»Dr. Moroni. Egidio Moroni. Kennen Sie ihn?«
Aldara senkte den Blick und starrte auf eine lockere Platte im Fußboden. »Ich habe Ihnen noch nicht gesagt, daß ich von hier bin. Ich bin seit zwanzig Jahren fort, aber ich bin zweihundert Meter von diesem Haus geboren.« Der Maresciallo beglückwünschte sich zu seiner richtigen Ahnung. Tief in seinem Inneren, wo ihm niemand mehr folgen konnte, war dieser Aldara gewiß kein einfacher Geist.
»War er sofort tot?« fragte Aldara, nur um etwas zu sagen.
»Es scheint so. Wissen Sie, aus dem fünften Stock . . .«
Gut, dachte Aldara, jetzt fahre ich nach Rom zurück. Dieser Fluchtimpuls kam völlig überraschend. Die Lächerlichkeit seiner »Mission«, die Tatsache, daß er, wenn auch einseitig, in Vivianas Kreis getreten war, dieser Carabiniere mit der großen Nase, Rosa und ihr geheimnisvoller Fotoapparat, das alles erfüllte ihn mit Unbehagen.
Er wollte gerade aufstehen, als sich die Tür öffnete und ein Mann in Zivil etwa seines Alters eintrat. Er warf fünf oder sechs Briefe auf den Schreibtisch des Maresciallo und ging zu seinem Ecktisch an der anderen Seite des Zimmers. Mario kannte ihn, vielleicht waren sie zusammen zur Schule gegangen. Er konnte ihn weder einordnen noch sich an seinen Namen erinnern, aber er fühlte eine schwache, verborgene Abneigung, die der andere erwiderte. Und in gewisser Weise hinderte ihn sein Eintreten daran, das Gespräch abzubrechen.
Er bot dem Maresciallo eine Zigarette an, aber dieser lehnte mit

einer Handbewegung ab und begann seine Pfeife zu stopfen. »Kennen Sie irgendeinen Grund, der ihn zum Selbstmord getrieben haben könnte?«

Der Mann an seinem Ecktisch machte eine verstohlene Grimasse, die er hinter einem grauen Aktendeckel verbarg. Der Maresciallo breitete die Arme aus, und sein venezianischer Akzent wurde noch deutlicher. »Nun – die *Mulini Bonfigli* gingen nicht sehr gut. Durch Abwertungen, Streiks und die Konkurrenz sollen sie in den letzten Jahren einige Milliarden verloren haben. Aber die Bonfigli haben noch viel, Grundstücke, Häuser und wer weiß was noch.«

Verwundert bemerkte er, daß Aldara die Stirn runzelte und errötete.

»Ich weiß«, sagte er.

»Übrigens, für einen Selbstmord ist kein zwingender Grund nötig. Es kann sich jemand umbringen, nur weil er, sagen wir, das Verlangen hat, sich umzubringen.«

»Sicher. Aber wenn man statt dessen einen Mord annehmen würde?« Verwirrt bemerkte er, daß seine Stimme unsicher war. Der Maresciallo betrachtete ihn mit einer Art höflicher Neugier.

»Würde es dafür ein Motiv geben?«

Bradolin stülpte seine fast bläulichen Lippen vor. Er sagte nein, nach allem, was er wisse, aber mit einer gewissen Vorsicht. Bonfigli hatte sich mit seinen Geschäften befaßt und Schmetterlinge gesammelt. Die anderen Teilhaber an den *Mulini* waren sein Bruder Pietro, Vizepräsident der Gesellschaft, und seine Schwester Bianca, die in Frankreich verheiratet war. Auch mit größter Phantasie war es schwierig, sich ein einleuchtendes Motiv vorzustellen.

Er wollte etwas hinzufügen, hielt sich aber zurück. Aldara nahm es mechanisch zur Kenntnis, während er sich an die Bonfiglis zu erinnern versuchte. Bianca war älter als er, er kannte sie flüchtig. Pietro aber war in seinem Alter, und für eine gewisse Zeit waren sie fast befreundet gewesen. Er hatte ihn blaß, freundlich und sehr ruhig in Erinnerung. Er hatte in Bologna in Literatur und Philosophie promoviert.

»Und Frauen?« fragte er zerstreut.

Bradolin schien die Frage erwartet zu haben. Er brach in schallendes Gelächter aus, das mit einem Hustenanfall endete, weil ihm

der Pfeifenrauch in die falsche Kehle geraten war. Lachend und mit Tränen auf den Wangen konnte er nur den Kopf schütteln.
»Keine Frauen, nein, da besteht keine Gefahr.«
»Warum?«
»Weil Cesare Bonfigli nichts von der Liebe hielt. Bei keiner, nicht einmal bei seiner eigenen Frau.«
»Und woher wissen Sie das so genau?« unterbrach ihn Aldara, der einen lächerlichen Triumph zu unterdrücken suchte.
»Nun, das weiß die ganze Stadt. Es gab bestimmt keine, niemals. Er war sozusagen ein Neutrum. Ihm genügten seine Schmetterlinge.«
»Und Politik?«
Der Maresciallo wischte die Frage mit einer Handbewegung fort. »Nein. Man sieht, daß Sie in Rom schlecht informiert sind. Bonfigli hat für den Provinztag kandidiert, ein bißchen aus Zufall und ein bißchen, weil er einen angesehenen Namen hat. Aber er ging nie in die Sitzungen und hatte keinerlei politische Ambitionen. In der Beziehung können Sie beruhigt sein.«
Und jetzt, dachte Mario Aldara mit geballten Fäusten, darf ich nicht nachgeben. Er warf einen Blick in die Ecke, den der andere, irgendwie gespannt und ein bißchen anzüglich, erwiderte. »Und die Frau?« fragte er mit unnatürlich hoher Stimme. »Gibt es keine Geschichten über sie?«
Keine. Der Maresciallo wurde kategorisch. Er fügte hinzu, daß alle sich wunderten, weil Viviana Bonfigli die reichste, schönste und freimütigste Frau der Stadt war. Ihr Mann kontrollierte sie nicht. Nur ihre Freunde kontrollierten sie, die abgewiesenen Bewunderer und noch mehr wahrscheinlich die Frauen dieser Bewunderer. Plötzlich schoß Maresciallo Bradolin in die Höhe und senkte gleichzeitig wie zum Ausgleich die Stimme.
»Bis jetzt hat es noch keiner geschafft, der Signora Bonfigli etwas anzuhängen.« Er blieb unbeweglich in seiner sonderbar herausfordernden Haltung, als ob er einen Angriff erwartete. Dann wurde er rot, ließ sich wieder in den Sessel sinken, und um etwas zu tun, begann er die Briefe durchzublättern, die ihm der Mann aus der Ecke hingeworfen hatte. Er ließ den ersten fallen, nahm den zweiten, dann den nächsten.
»Immer das gleiche. Natürlich geht jetzt der Klatsch los.« Er schob

Aldara ein Bündel hin. Sie waren mit der Maschine oder mit der Hand geschrieben, aus Zeitungsbuchstaben zusammengeklebt, alle anonym, alle häßlich und gemein. Der Sinn war immer der gleiche – sucht den Liebhaber von Viviana Bonfigli, und ihr wißt, wer Cesare ermordet hat. Die Verdächtigungen reichten bis zur Pornographie, aber sie boten keine konkreten Anhaltspunkte. Es gab keine Namen und keine typischen Eigenschaften, durch die man die geheimnisvolle Persönlichkeit hätte identifizieren können.
»Wie Sie wissen, haben anonyme Briefe keine Beweiskraft. Aber die hier sind einfach Dreck. Man könnte untersuchen, wer sie geschrieben hat, es sind immer die gleichen. Man kann sich vorstellen . . .« Er warf einen Blick auf den Inhalt des letzten Umschlags, der größer als die anderen war. Er machte eine winzige überraschte Bewegung und starrte gebannt auf das Papier. Ganz langsam hob er die Augenbrauen, seine Nase begann zu glänzen, und die Falten an seinen Mundwinkeln vertieften sich.
Laß es auf sich beruhen und verschwinde, dachte Mario Aldara erschreckt. Mechanisch streckte er die Hand aus.
Bradolin machte eine Bewegung, um die Hand abzuwehren. »Es ist nur ein Foto«, sagte er unsicher, als ob er an etwas anderes dächte.
»Kann ich es sehen?«
Die Adresse war in klarer Druckschrift geschrieben, energisch und regelmäßig. Der Umschlag war aus billigem, orangefarbenen Papier. Das Foto zeigte das Tor des Palazzo Bonfigli und rechts eine kleine Gruppe von Leuten, die um einen dunklen Fleck versammelt waren, der fast völlig von den Beinen der Umstehenden verdeckt wurde, und links einen Mann, der das Tor öffnete. Die Stellung seiner Arme und Beine zeigte deutlich, daß er gelaufen oder schnell gegangen war. Er stand von den Leuten abgewendet, und sein Gesicht war halb von einer Schulter verdeckt. Die Gesichtszüge waren nicht zu erkennen.
So löst sich der Selbstmord in Luft auf, dachte Mario Aldara, und Maresciallo Bradolin hat das sofort begriffen. Völlig entspannt folgte sein Blick dem Rauch der Pfeife, die zur Schau gestellte Gleichgültigkeit war fast ein bißchen übertrieben. Vielleicht hatte die Routine ihn verdorben, aber er wirkte keineswegs wie ein Idiot, er konnte die Wichtigkeit einfach nicht übersehen haben.

Es gibt keinen Menschen auf der Welt, unter keinen Umständen, der der Versuchung einer zerschmetterten Leiche widerstehen könnte, entweder um ohnmächtig zu werden oder um sich zu übergeben. Warum entfernt sich ein zufälliger Passant fast im Laufschritt, ohne die geringste Neugier zu zeigen, um nur möglichst schnell zu verschwinden? Ein Mann, der aus einem Haus kommt, das angeblich leer ist?
Wenn das nicht der Mörder ist, gehe ich ins Kloster, dachte Mario; damit riskiere ich wenig. »Ein bißchen sonderbar, wie?« sagte er gleichmütig.
Bradolin stellte sich zunächst etwas verwundert, dann änderte er plötzlich seine Taktik. »Ich halte eine andere Tatsache für sonderbar. Nämlich, daß jemand, der sich überdies kaum für die Leiche interessierte, zufällig seinen Fotoapparat bereit hatte. Ich halte nichts von solchen Zufällen. Der Fotograf wußte im voraus über den Tod von Bonfigli Bescheid, weil die Aufnahme sofort nach dem Sturz gemacht wurde, noch bevor Moroni kam. Er wußte, daß dieser Mann im Laufschritt herauskommen würde, ohne neugierig stehenzubleiben. Der Fotograf stand bereit, mit gespreizten Beinen, in drei Meter Entfernung, aber er hat das Tor aufgenommen und nicht die Leiche.«
»Es war kein Fotograf, es war eine Fotografin. Jung, hübsch, um fünfundzwanzig.« Der Maresciallo starrte ihn an, dann zwinkerte er mißtrauisch mit seinen graublauen Augen. »Und sie war nicht drei Meter entfernt. Diese Aufnahme wurde mit einem Teleobjektiv gemacht.«
»Entschuldigen Sie, aber woher wissen Sie das alles?«
»Erfahrung, Watson.« Aber er wollte dieses schwachsinnige Spiel nicht fortsetzen. »Kann ich eine Fotokopie haben?«
»Hoffen wir es. Unser Kopiergerät spuckt manchmal sonderbare Dinge aus.« Sein venezianischer Akzent war noch deutlicher geworden.
»Hoffen wir, daß es diesmal eine gute Kopie ausspuckt.«
»Wer könnte dieses hübsche Mädchen um fünfundzwanzig sein?« fragte Bradolin nachdenklich.
Aldara wandelte auf einem gespannten Seil und war sich bewußt, daß er zum Schluß abstürzen würde, aber nicht nach welcher Seite. Wieder packte ihn die Unsicherheit zwischen den beiden

entgegengesetzten Impulsen von gleicher Stärke.
»Nur ein Scherz«, sagte er und stand auf. »Aber halten Sie etwas von der Theorie mit dem Teleobjektiv?«
»Ganz gewiß«, erwiderte Bradolin geduldig. Er begleitete Aldara zur Tür, aber anstatt sich zu verabschieden, schob er ihn in den Flur und stellte sich vor ihm auf, ganz Bauch und Nase. »Aldara, stillen Sie meine Neugier. Beschäftigt sich das Innenministerium damit, einen möglichen Skandal zu unterdrücken oder einen möglichen Mörder zu entlarven?«
Mario dachte einen Augenblick nach und zwang sich zu einem Lächeln. »Wie auch immer – entschuldigen Sie, wie ist es hier? Versuchen die Carabinieri einen Mörder zu fassen oder einen Skandal zu unterdrücken?«
Maresciallo Bradolin brach in ein Gelächter aus, laut und anstekkend. Er schlug ihm mit der Hand auf die Schulter. »Wenn Sie sich zum Bleiben entschließen, kommen Sie zu mir zum Essen. Heute abend. Dann unterhalten wir uns.«

Es konnten alles Zufälle sein, sagte er sich immer wieder, als er in sein Hotel kam. Cesare konnte ganz einfach Selbstmord begangen haben. Der Mann auf dem Bild konnte irgendein Angestellter sein, der zufällig aus dem Tor kam. Es sah nur so aus, als ob er flüchtete. Der Fotoapparat in Rosas Zimmer mußte gar nichts mit dem Tod von Cesare zu tun haben. Wenn aber diese Elemente doch miteinander verbunden waren, dann ergab sich eine Geschichte, die einen aus der Fassung bringen konnte.
»Ist Rosa da?« fragte er die Clementi, als er den Schlüssel zu seinem Zimmer holte.
»Nein, Rosa ist nicht da«, erwiderte sie und betonte jede einzelne Silbe, um ihm zu zeigen, daß sie genau wußte, was er von Rosa wollte.
Er hätte gern eine bissige Bemerkung zurückgegeben, aber ihm fiel keine ein, und so ergriff er die Flucht; mehr über sich selbst als über sie verärgert, murmelte er völlig unpassend: »Na gut. Danke.«
In seinem Zimmer begann er wieder über das Foto nachzudenken, um diese kleine, ungerechtfertigte Unterstellung zu vergessen. Wenn Cesare zum Beispiel ermordet und aus dem Fenster geworfen worden war, dann war der Mörder mit größter Wahrschein-

lichkeit der Mann auf dem Foto, und das erklärte auch seine Uninteressiertheit für die Vorgänge zu seiner Linken und die Eile, mit der er das Gesicht hinter einer Schulter versteckte, um nicht erkannt zu werden.
Schwieriger war es, wie Bradolin betont hatte, sich das Verhalten von Rosa zu erklären und sich vorzustellen, wie sie im voraus von dem Verbrechen und von der verstohlenen Flucht des Mörders wissen konnte.
Und das waren nur die offensichtlicheren Fragen. Dahinter erweckte die Gestalt des Maresciallo Bradolin genügend Neugier. Natürlich war ihm die Bedeutung des Fotos nicht entgangen, aber er hatte sie recht oberflächlich behandelt und nur Verdächtigungen nach rechts und links ausgestreut. Man hatte das Gefühl, daß der Maresciallo auf die Bremse trat. Nicht eigentlich, um die Beweise zu verschleiern, aber um sie zu färben und nicht aktiv werden zu müssen. Fast begann er zu glauben, daß Bradolin wußte oder ahnte, wer der Mörder war, und für ihn ein gewisses Maß an Sympathie hatte. Vielleicht nicht so sehr, daß er ihn unter seine Fittiche nahm, aber immerhin ausreichend, um stillschweigend zu dulden, daß die Sache, was ihn betraf, sich totlief, um endlich im Archiv zu landen. Aber Bradolin wirkte auf den ersten Blick nicht wie ein Mann, der sich korrumpieren ließ. Was also? Vielleicht war es viel einfacher; der Maresciallo, enttäuscht nach vierzig Dienstjahren und kurz vor der Pensionierung, wollte nur vermeiden, heiße Kastanien in die Finger zu bekommen.
Mario Aldara legte die Fotokopie auf den Tisch und dachte, daß ihn die ganze Geschichte eigentlich nichts anging und daß von ihm sicher nicht zu erwarten war, daß er sich an der Arbeit von Bradolin die Finger verbrannte. Aber trotzdem gelang es ihm nicht, den Blick von der Gruppe auf dem Foto loszureißen und nicht mehr an die Folgen zu denken, die sich aus allem ergaben.
Bradolin hatte recht. Der Schlüssel zu der Angelegenheit war nicht so sehr der Mörder, sondern jene sonderbare Person, die die Zukunft voraussehen konnte und die Fäden in der Hand hatte. Wer konnte das sein? Auf den ersten Blick ergaben sich nur drei Möglichkeiten.
Erste Hypothese: Rosa selbst. Das hätte den Vorteil gehabt, ein nicht notwendiges Element auszuschalten. Angenommen, der

Mörder war der Liebhaber von Rosa und glaubte, ihr blind vertrauen zu können, so daß er ihr seine Pläne im voraus mitteilte. Das Mädchen aber verabscheute ihn und hatte alles vorbereitet, nicht um ihn zu erpressen, denn in dem Fall hätte sie das Foto nicht an die Carabinieri geschickt, sondern um seine Verhaftung zu bewirken.

Das war eine Theorie, die mit Vorsicht aufzunehmen war, und Mario hielt nichts von ihr. Sie hätte eine unvorstellbare Dummheit von seiten des Mörders und eine Befähigung zur Heimtücke bei Rosa vorausgesetzt, die nicht zu ihrer Persönlichkeit paßte.

Zweite Hypothese: Der Mörder selbst hatte Rosa beauftragt, das Foto zu schießen. Warum? Um sich zu erkennen zu geben, ohne das Verbrechen offen zu gestehen. Das war unvorstellbar. Aldara verwarf die Hypothese sofort.

Dritte Hypothese: Wer weiß!

Keine der drei war sehr überzeugend, besonders die letzte nicht, aber eine andere fiel ihm nicht ein.

In dem Augenblick, als er alle diese zerbrechlichen geistigen Konstruktionen verwarf, fand er sich vor seinem wirklichen Problem, das er bis jetzt immer wieder verdrängt hatte. Angenommen, daß er seine Mission als erfüllt ansehen konnte und daß er mit etwas Phantasie für das Ministerium einen wahrheitsgemäßen und harmlosen Bericht hätte schreiben können – warum zum Teufel war er dann noch nicht abgereist?

Dieser Fluchtimpuls mit dem ekelhaften Angstgefühl war das wichtigste Symptom, aber er wurde neutralisiert – nicht überwunden, neutralisiert – durch das ebenfalls übermächtige Verlangen, auf der Suche nach der Wahrheit weiterzugraben. Weil hinter der Wahrheit, auf die eine oder andere Weise, ohne Zweifel Viviana versteckt war.

Aber noch wußte er nicht, ob dieses Verlangen zum Ziel hatte, die süße, zauberhafte Viviana von vor zwanzig Jahren zu schützen, oder nicht viel eher, die heutige unbekannte Viviana zu strafen. Wie immer, wenn er mit dem Rücken zur Wand stand und einen festen Punkt suchte, zwang ihn etwas zum Abschweifen, und die Streitpunkte lösten sich in Luft auf. Wie zum Hohn, um ihn abzulenken, drängten sich bedeutungslose Reize vor, wie das Tropfen eines Wasserhahns, ein Jucken am Ellbogen, das theatralische und

geschmacklose Bild dieses Mädchens in der letzten Nacht. Kurz, sie trieben ihr Spiel mit ihm.
Endlich, wie immer, entschloß er sich zu einem Kompromiß. Er berichtete dem Ministerium telefonisch, daß er noch keine endgültigen Anhaltspunkte gefunden hätte, die Situation aber nicht besorgniserregend wäre. Er erbat die Erlaubnis, noch einen Tag zu bleiben.
Die Erlaubnis wurde ihm anstandslos gegeben. Die internationale politische Lage machte seine Anwesenheit in Rom nicht erforderlich.

3

»Er hat sich nicht umgebracht, er wurde hinuntergeworfen«, sagte Matilde und brach das Schweigen, das sich wie immer zwischen ihnen eingestellt hatte.
Der Steueranwalt Aldo Salnoiraghi wandte sich mit einer Art von innerem Zusammenzucken – äußerlich war ihm nichts anzumerken – vom Lenkrad zu seiner Schwester und fragte: »Und woher weißt du das?«
»Giancarla hat es mir gesagt.«
»Ach so . . .«
Matilde preßte pikiert die Lippen zusammen. Es fiel den beiden schwer, sich nicht schon nach den ersten beiden Sätzen auf die Nerven zu gehen. »Giancarla weiß es von der Kassiererin im Supermarkt, und die ist verschwägert mit dem Mann, der den Sturz gesehen hat. Er sagt, Bonfigli fiel nicht so, als ob er sich selbst heruntergestürzt hätte.«
»Und wie fällt einer, der sich selbst herunterstürzt?«
»Er beugt sich heraus oder steigt aufs Fensterbrett. Er aber wurde anscheinend von hinten angehoben.«
»Hm«, sagte Salnoiraghi.
»Mit dir kann man sich nicht unterhalten.«
»Jedenfalls tu mir den großen Gefallen und behalte die Entdeckungen von Giancarla für dich.«
»Für wen hältst du mich?« gab sie in weniger scharfem Ton zu-

rück. Die berauschende Aussicht auf den Beileidsbesuch dämpfte ihren Groll; sie wollte sich auf keinen Fall die Vorfreude durch einen albernen Streit verderben lassen.

Matilde Salnoiraghi war eine ›Frau für Trauerfälle‹, wie übrigens in geringerem Maße ›für Hochzeiten‹ und sehr selten ›für Taufen‹. Sie war siebenundfünfzig Jahre alt, eine enttäuschte, zuckerkranke Jungfer, der nur noch die Emotionen der Wohltätigkeit blieben.

In ihrer Kindheit hatten Aldo und sie sich blind geliebt, mit jener zweischneidigen überspannten Liebe, die nur vor der Pubertät gedeihen kann. Dann war Aldo durch die Blicke und Anspielungen seiner Kameraden klargeworden, daß die Schwester entsetzlich häßlich war, eine der bittersten Überraschungen seines Lebens, und er begann sie zu vernachlässigen. Ihre Liebe hielt noch einige Jahre an, aber dann begann sie ganz langsam in etwas überzugehen, das nicht besser als Haß war; man hätte es Unerträglichkeit nennen können.

Keiner von beiden war verheiratet, und im Lauf der Jahre waren Vater, Mutter, eine verwitwete Tante und eine alte Erzieherin gestorben und hatten sie allein gelassen. Sie waren derartig aneinander gewöhnt, daß sie sich schon schweigend streiten konnten.

Als Aldo an einer Ampel hielt, sah er seine Schwester noch einmal an, und sein Blick heftete sich wie immer auf das große, behaarte Muttermal, das sich nach den Wechseljahren an ihrem Kinn gebildet hatte. Matilde bedeckte es mit zwei Fingern, und in diesem Augenblick erfuhr sie auf geradezu telepathische Weise, daß Aldo Angst hatte. Keiner außer ihr hätte es gemerkt.

Er hatte Angst wegen irgendeiner Verbindung zum Tod von Cesare Bonfigli, dachte sie. Und mit der Einfühlung, die sich zwischen ihnen entwickelt hatte, versuchte sie, sich ganz ruhig in seine Lage zu versetzen.

Auf den ersten Blick gab es einen sehr plausiblen Grund, denn Aldo verdiente achtzig Prozent seines Einkommens mit den zahllosen Steuerstreitigkeiten der Bonfigli, und deshalb waren viele wirkliche oder mögliche Klienten in die Sache verwickelt. Auch die Nachfolge, die im Augenblick ausreichend gesichert schien, hätte umgestoßen werden können, wenn sich herausstellte, daß der Mörder zur Familie gehörte oder Verbindungen zu ihr hatte. Es war klar, daß für ihn die Selbstmordtheorie sehr günstig war. Und

wirklich hatte er sie gestern abend durch geheime Kanäle dem mit den Nachforschungen beauftragten Untersuchungsrichter empfohlen.
Aus seinen Reaktionen am Telefon hatte Matilde geschlossen, daß sich der Richter gegen Unfall oder Selbstmord entschieden hatte, und bei der heiklen Lage, in der sich die *Mulini* befanden, wäre die Selbstmordtheorie für alle, Schuldige und Unschuldige, sehr vorteilhaft gewesen.
Aber sie spürte auch, daß die Sorgen des Bruders damit nicht aufhörten. Konnten sie sicher sein, daß sie wirklich für alle vorteilhaft gewesen wäre? Oder war es nicht möglich, daß irgend jemand im Familienkreis ein Interesse daran hatte, den Schuldigen zu decken? Und daß es diesem Jemand gelungen war, die Partie zu gewinnen?
Beim gegenwärtigen Stand der Dinge hätte Aldo, immer vorausgesetzt, das siegreiche Pferd war noch nicht bekannt, mit der Vorsicht eines Katers im Porzellanladen manövriert. Denn ihm war bewußt, daß er ein Gauner, aber nicht intelligent war, und daß eine Gaunerei, die auf krummen Wegen ging, Gefahr lief, in die falsche Richtung zu geraten. Aldo wäre ein guter Höfling in der Renaissance gewesen, aber er hätte seine Opfer nie vergiftet, ohne sie vorher für zwei bis drei Betrügereien auszunutzen.
Jetzt blieb nur festzustellen, ob derjenige, der angefangen hatte, im Haus Bonfigli sein Komplott zu schmieden, die gleiche Taktik angewendet hatte, oder ob es nicht doch Aldo gewesen war, der von seiner sonstigen Mentalität abgewichen war, um zu täuschen und die Dinge zu komplizieren. Und hier drohte ihm eine gewaltige Gefahr. Jedenfalls müßte er in den nächsten Tagen versuchen, sich in einem unsicheren Meer – ruhig an der Oberfläche und aufgewühlt in der Tiefe – über Wasser zu halten, um den Ausbruch des Gewitters abzuwarten.
Matilde hörte auf, sich in die Lage des Bruders zu versetzen, und betrachtete ihn aus entfernterer Perspektive. Sie fragte sich, ob nicht etwas Persönlicheres hinter seiner Angst stecken konnte. Er war in der letzten Zeit gealtert und ständig nervöser geworden. Am Anfang fiel es kaum auf, aber es wurde immer stärker.
Sie betrachtete sein vornehmes Profil – das einzig Vornehme an ihm –, das kräftige Kinn, die aristokratischen Lippen und die hohe

Stirn, die oben in einen Schädel überging, der aussah wie ein umgekehrter Schiffsbug, umgeben von einem Strahlenkranz bleigrauer Haare.
Sie empfand keine Achtung für ihn, aber sie kannte seine großen Fähigkeiten. Er konnte den Staat mit geradezu ausgefallenen Methoden betrügen. In Mailand oder Rom wäre er der König der Steueranwälte gewesen, er hätte Gesellschaften mit Milliardenvermögen gegründet, verschmolzen und aufgelöst, und auch hier ging es ihm nicht schlecht. Warum war er nur so beunruhigt? Könnte er auf die eine oder andere Weise mit dem Tod von Cesare Bonfigli zu tun haben? Könnte er – könnte er der berühmte Liebhaber von Viviana sein, von dem alle sprachen und den keiner kannte? Die Hypothese war aufregend, aber wenig wahrscheinlich. Vom Sexualleben ihres Bruders wußte Matilde gar nichts, es war sein einziges Geheimnis, aber sie argwöhnte, daß es spärlich und uninteressant war.
Sie fuhren durch das Parktor der Villa Bonfigli, und Matilde ließ alle Hypothesen fallen, um sich ganz ihrem Zustand der Gnade hinzugeben.
In der Auffahrt überholten sie einen Sportwagen aus Rom, der sehr langsam fuhr; sie hatte ihn noch nie gesehen. Am Lenkrad saß ein Mann von etwa vierzig mit freundlichem Gesicht und unvollkommenem Profil. Matilde war sicher, daß sie ihn flüchtig kannte, aber sie wußte nicht, wo sie ihn unterbringen sollte.
Sie waren auch aus Rom gekommen, und sie wären sogar aus Verona, Turin oder Paris gekommen. Mit zitternden Fingern suchte sie in ihrer Handtasche nach dem Batisttaschentuch, das bald in Tränen gebadet sein würde.

Die Villa Bonfigli war ursprünglich der Marstall eines päpstlichen Palastes aus dem vierzehnten Jahrhundert gewesen und war mehrmals zerstört und wiederaufgebaut worden, bis sie durch die Landsknechte endgültig dem Boden gleichgemacht wurde. Obwohl sie fast vollständig wiedererrichtet und restauriert worden war, hatte sie das häßliche und lächerliche Aussehen behalten, durch das sie überlebt hatte, weil sie eines letzten Feuers für unwürdig gehalten wurde. Sie tauchte überraschend zwischen den hundertjährigen Eichen des Parks auf, niedrig und breit, der röt-

liche Putz fast völlig von Kletterpflanzen überwuchert, und die beiden Flügelbauten wirkten wie eine plumpe Einladung zur Umarmung. Auf dem vorderen Platz waren an die dreißig Autos geparkt, die schweren Wagen fast alle auf der rechten und die Kleinwagen auf der linken Seite.
»Ihre Eltern sind auch da«, sagte Matilde, die die unstandesgemäße Heirat nie gebilligt hatte.
»Hm«, brummte der Anwalt und lenkte den Wagen nach links.
»Aldo! Nicht dort.«
»Warum nicht?«
Sie erwiderte nichts, denn der Grund war offensichtlich. Salnoiraghi hob den Blick zum Himmel und legte verärgert den Rückwärtsgang ein. Er wendete gerade rechtzeitig, um dem ankommenden Sportwagen Platz zu machen.
»Entschuldigen Sie«, rief er aus dem Fenster. Der Unbekannte lachte und machte eine besänftigende Handbewegung. Salnoiraghi zog den Schlüssel aus dem Zündschloß und sah seine Schwester versonnen an. Er machte einen besorgten Eindruck, als ob er eine schwierige Prüfung ablegen müßte.
Das ist der Mörder! dachte Matilde mit einem Schauder, als sie an dem anderen vorbeifuhren. Ihre Blicke kreuzten sich, und er lachte gequält, als ob er eine Leberkolik verheimlichen wollte.
Als sie den Hof überquerte, beschloß Matilde, daß dies ein denkwürdiger Beileidsbesuch sein sollte. Die gesellschaftliche Stellung des Toten, die Art und Plötzlichkeit seines Ablebens, die Zweifel der Untersuchungsbeamten, das alles waren Umstände, die dem Ereignis einen außergewöhnlichen, leuchtenden Charakter gaben. Trauerfeiern für Kinder sind voll von Pathos, aber ein bißchen unmenschlich. Den Feiern für Alte fehlt die Atmosphäre. Beim Tod des Conte Sandozzi, der über neunzig gewesen war, hatte unter den Verwandten eine so heitere Gelassenheit geherrscht, daß es ihr nicht einmal gelungen war zu weinen. Hier handelte es sich um einen reifen Mann, außerdem wohlhabend und obendrein auch noch ermordet. Es fehlte daher das Gefühl des Unbehagens, wie man es bei Fällen von Herzinfarkt oder Krebs hat, die wie Drohungen wirken können. Bei einem Selbstmord – oder noch besser einem Mord – fühlte sich Matilde weniger verwundbar gegenüber möglichen Schicksalsschlägen.

Im großen Saal saß die alte Bonfigli auf ihrem florentinischen Thron aus Leder mit vergoldeten Beschlägen. Sie verdrehte die wässerigen Augen, die eher finster als traurig blickten, als ob ihre völlige Taubheit ihr zu einer alten Vertrautheit mit Schicksalsschlägen aller Art verholfen und ihre Gefühle gedämpft hätte. Sie war jedoch nicht bereit, auf die Beileidskundgebungen zu verzichten, und da sie keine Maßnahmen gegen die eigene Taubheit getroffen hatte, zwang sie die Gäste, die zerknirscht mit gebeugtem Rücken murmelnd vortraten, die unartikulierten Laute zu unterlassen, mit denen sie davonzukommen gehofft hatten.
»Wie? Was hat er gesagt?« rief sie, ohne ihre Gesprächspartner anzusehen und ohne die gichtigen Hände vom Knauf ihres Krückstocks zu nehmen.
»Es tut mir furchtbar leid«, schrie unvorbereitet der zuletzt Gekommene. »Eine schreckliche Geschichte. Ich finde keine Worte.«
Wenn es sich um wichtige Gäste handelte, übersetzte Pietro, indem er sich zu dem weniger geschädigten Ohr seiner Mutter hinabbeugte. »Er sagt, es tut ihm furchtbar leid. Eine schreckliche Geschichte. Er sagt, er findet keine Worte.«
»Ach«, murmelte die Alte unwillig und zerstreut, dabei rollte sie mit ihren blaßblauen Augen, und keiner wußte, was sie dachte – falls sie überhaupt etwas dachte.
Matilde zog es vor, sich hinunterzubeugen und die schlaffe Haut ihrer Wangen zu küssen, wodurch sie sich einen verärgerten Blick zuzog.
Mario Aldara, der gleich danach kam, blieb stehen, außerstande, die Menge zu durchdringen. Er konnte sie aber auch nicht übersehen und im leeren Teil des Saals bleiben. Er sah, wie ein Kahlkopf sich damit begnügte, kraftvoll Pietros beide Hände zu drücken, und dazu murmelte: »Wir müssen uns bals sehen.«
»Wann?« erwiderte Pietro, ohne den Blick von Aldaras Rücken zu wenden, als ob er den Mann nicht unterbringen könnte.
»Möglichst bald. Vielleicht morgen.«
»Einverstanden.«
Matildes Augen waren schon gerötet, als sie sich einer lebhaften Gruppe in einer anderen Ecke des Saals näherte. Es war ein Augenblick der Ruhe, nachdem die hysterischen Ausbrüche nach-

gelassen hatten, die jedem Neuankömmling galten. »Aber wer hätte das geahnt . . .«, »Wissen Sie, ich habe ihn am Donnerstag noch getroffen, und er hat gelacht . . .«, ». . . und zu mir hat er gesagt, wir müssen eine neue Safari zusammenstellen, und ich sagte, vielleicht zu Weihnachten, und nicht mal eine Woche später . . .« Jetzt war es ruhiger geworden, und es bildeten sich kleine Gruppen der engeren Freunde, als sie auf ihren Vetter aus Verona stieß, an dessen Namen sie sich nicht erinnerte.
»Wie lange haben wir uns nicht gesehen?« »Denk nur, gerade vor wenigen Tagen habe ich von dir gesprochen, mit Giovanna . . .«, ». . . du bist gar nicht älter geworden. Wie viele Jahre ist das her?« »Ach, die Zeit vergeht, nach dem Tod des armen Arturo. Jetzt sieht man sich nur noch bei solchen Gelegenheiten.« »Früher gab es noch Hochzeiten, aber heute heiratet man nicht mehr, man lebt zusammen . . .« »Sicher, aber nach Verona sind es nur ein paar Minuten, auf der Autobahn.« »Die Autobahn ist teuer.« »Alles ist teuer; so kann das nicht weitergehen. Wenn die Regierung nicht Abhilfe schafft . . .« »Ach, wenn du auf die Regierung warten willst. Ist die hübsche Blondine da drüben nicht schwanger?« »Welche Blondine? Ach ja . . .«, und mit gedämpfer Stimme: »Nein, sie ist nicht mehr schwanger.«
Alle sind gekommen, dachte Matilde und wartete darauf, daß Aldo sich von Pietro losriß. Die dauerhafteste Gruppe bildete sich um Viviana, die ihre Rolle sehr gut spielte. Das mußte man ihr lassen, ihr Kummer hatte genau das richtige Ausmaß. Sogar Marcello war da, der zurückgebliebene Bruder, der nur bei ganz großen Gelegenheiten in der Öffentlichkeit zugelassen wurde. Da war Bianca mit ihrem französischen Mann, viel zu schön für sie, mit seinem entsetzlich gezierten Gehabe. Da waren der Bürgermeister, der Bischof, zwei Bezirksabgeordnete, die Verwandten aus Verona, Vivianas Eltern, im Sonntagsstaat und etwas fehl am Platz, diese Nutte Patrizia, die ›Verlobte‹ von Pietro, alle waren da. Sie hatte noch nie eine so große Zahl hochgestellter Persönlichkeiten in einem Raum gesehen. Ungeduldig beschloß sie, nicht auf Aldo zu warten, und ging mit ausgebreiteten Armen auf Viviana zu.
»Meine liebe Signora«, sagte sie gedämpft und umarmte sie.
Viviana konnte nicht schnell genug ihr trauriges Lächeln aufset-

zen. Sie wurde an den mächtigen Busen der unbekannten Person gezogen und empfing zwei schmatzende Küsse auf die Wangen. »Signora Viviana, ich finde keine Worte«, stammelte Matilde atemlos, dann brach sie in Schluchzen aus.

Mario Aldara hatte mit weichen Knien die Gruppe am Eingang umgangen und strich an der Mauer entlang, um sich in der ersten Ecke zu verkriechen. Er war sechs Stunden umhergewandert, bis er einen Entschluß gefaßt hatte. Unter dem Vorwand, die alten Plätze zu besuchen, aber in Wirklichkeit, um wie ein Gladiator gegen sich selbst zu kämpfen. Der Kopf drehte sich ihm, und es wäre ihm nie gelungen, den Salon zu durchqueren. Jetzt befand er sich im sicheren Abstand von der Alten, und noch etwa fünfzehn Meter trennten ihn von Viviana. Um ein Haar hätte er sich auf den Absätzen umgedreht, um schmachvoll zu verschwinden.

Viviana hatte ihn noch nicht gesehen. Die fette Alte, die Bianca anvertraut war, sprach jetzt mit tiefer Stimme zu einem Mädchen, die zu jung war, als daß er sie kennen konnte. Zu seinem Erstaunen kannte er sie doch. Es war die Motorradfahrerin der letzten Nacht »Willkommen im zweiten Kreis . . .«, die hierher paßte wie ein Werk von Pollock in eine Ausstellung venezianischer Künstler des siebzehnten Jahrhunderts.

Für einen Augenblick wurde das Band zwischen ihm und Viviana schwächer, dann drehte sie sich um und sah ihn. Sie sagte nichts, aber sie war nicht erstaunt, wahrscheinlich hatte sich die Nachricht von seiner Rückkehr schon zu ihr herumgesprochen.

Sie lächelte mit einer gut dosierten Traurigkeit, vertraut und intim, nur für ihn (wie sie es vermutlich bei jedem tat). Sie führte eine Hand zum Haar im Nacken, brach die Bewegung plötzlich ab, und Mario Aldara sah ein, daß er niemals geheilt sein würde, aber von ihr nahm er den Schmerz an.

Sie hatte sich nicht verändert; sie war ein bißchen voller geworden, wie ein wildes Tier, in der Gefangenschaft zu gut ernährt. Von der Sonne hatte sie die Farbe reifer Septembertrauben. Sie versuchte, sich von dem Bischof zu befreien, aber dieser ließ sich nicht abschütteln. Mit einer väterlichen Geste legte er ihr die Hand auf den Arm, die Geste eines Vaters mit blutschänderischen Gedanken. Für Mario war das ein Glück, denn es erlaubte ihm, sich vor der

eigentlichen Begegnung teilweise mit ihr vertraut zu machen.
Er bemerkte, daß die Blicke aller Vorübergehenden, mehr oder weniger verstohlen, kurz bei ihr verweilten. Sie war immer noch sehr schön, von jener atavistischen Anmut, gleichzeitig süß und herb, die von einer weiblichen Rasse stammte, die ständig vergewaltigt worden war – von Latinern, Karthagern, Hunnen, Langobarden, Franken, Deutschen, Franzosen, Spaniern und zum Schluß auch noch Amerikanern und Marokkanern. Ein ewig weiblicher Körper, gelehrig und biegsam, gewöhnt daran, alle zwei Generationen vergewaltigt zu werden, und dem es gelungen war, durch Vermischung aller dieser Erbanlagen eine Vornehmheit zu gewinnen, die echter war als die der Bonfigli.
Mit einer Art Verneigung verabschiedete sich Viviana von dem Bischof und machte sich zu ihm auf den Weg. Mario fand die Kraft, ihr entgegenzugehen, und wollte schlicht und ohne Verkrampfung sagen: »Es tut mir schrecklich leid, wirklich.« Aber beide wurden vom schrillen Läuten des Telefons aufgehalten, das in dem Stimmengemurmel dröhnte wie eine explodierende Bombe. Viviana schickte sich an, zum Telefon zu gehen, aber das Hausmädchen kam ihr zuvor.
»Hallo!« sagte das Mädchen mit gedämpfter Stimme. Und dann etwas lauter: »Hallo! Hallo! Wer ist dort? Hallo!« Sie legte auf und verkündete, daß die Leitung unterbrochen worden war.
Wie durch Telepathie wurden alle Anwesenden von dem gleichen schaudernden Gedanken erfaßt. »Der Mörder!« Endlich standen Viviana und Mario voreinander, aber die Atmosphäre hatte sich geändert. Es war noch der gleiche Impuls, einen leichten Kuß auf die Wange auszutauschen – eine gute Gelegenheit –, aber sie waren nicht mehr im Einklang. Endlich gaben sie sich die Hand.
»Es tut mir schrecklich leid, wirklich«, sagte Aldara.

4

Die Kassiererin im *Agip*-Restaurant nutzte die einmalige Gelegenheit und verrechnete sich zu seinen Ungunsten, ohne daß er es merkte. Ihr Blick folgte dem traurig und entrückt aussehenden Mann, der mit einem Maserati gekommen war, und sie sah, daß er den Hörer des Telefons in der Zelle auflegte, ohne gesprochen zu haben. Jetzt betrachtete er zerstreut die Vorhänge an der Glastür, die im Wind flatterten, ohne zu merken, daß er seit einigen Minuten mit den Fingernägeln auf die Zigarette klopfte und damit das Mundstück verdarb.

Vielleicht hat er ein Leberleiden, dachte die Kassiererin mitleidig, als sie sah, daß er zu ihr kam. Sie hätte ihn gern nach Haus gebracht, ihn aufs Sofa gelegt, wäre an seiner Seite niedergekniet und hätte mit zarten Fingern seine Wangen gestreichelt, bis diese Falten verschwunden wären, von denen sie genau sah, daß er sie nicht immer hatte.

»Einen Kaffee, bitte«, sagte Professor Morlacchi und zwang sich, durch Haltung und Tonfall nicht wie ein Flüchtiger zu wirken.

Je mehr Zeit seit dem Sturz von Cesare Bonfigli verging, desto mehr hatte Professor Morlacchi das Gefühl, in einer Jacke zu stecken, die ihm zu eng war. Er hatte kein Talent, den Unschuldigen zu spielen, der eines Verbrechens verdächtigt wird, und er begann unter moralischer Platzangst zu leiden. Er hatte sogar eine neue Krankheit entdeckt, das Morlacchi-Syndrom, gekennzeichnet durch ein unwiderstehliches Verlangen, über die Schulter zu blicken, durch plötzliche kalte Schweißausbrüche, Herzarhythmie und eine Art von Vorspiegelung völligen Schwachsinns.

Was den Schwachsinn betraf, so hatte er seit Samstag nachmittag ein beträchtliches Maß davon angehäuft, angefangen mit der überstürzten Flucht bis zur Rückkehr nach Rom unter Mißachtung jeder Geschwindigkeitsbegrenzung. Vielleicht war das keine glückliche Idee gewesen, genau wie der Besuch bei seinem Anwalt, Sandro Carella.

Sandro war kein Strafrechtler – Morlacchi kannte keinen Strafrechtler –, und er war sein Freund, was Morlacchi in diesem Fall nichts nützte. Außerdem hatte er die Neigung, bei unpassenden Gelegenheiten mit seinem Sinn für Humor zu glänzen.

»Deiner Ansicht nach ist er gekommen, um sich zu vergewissern«, war seine erste belustigte und ein wenig bittere Anmerkung. Sandro war unglücklich verheiratet, hatte vier Kinder und litt an seiner Unfähigkeit, sich eine Geliebte zu suchen. »Weißt du eigentlich, wie komisch das ist?«
»Wirklich?«
»Lohnt sich denn der Ärger für die Dame?«
»Vergessen wir die Dame. Kümmern wir uns um meine Lage.«
»Gut. Aber wo hast du sie kennengelernt?«
»An der Costa Smeralda, vor zwei Jahren. Wir waren beide auf dem Boot. Wir sind zusammen angekommen . . .«
»Ein Segelboot oder ein Motorboot für Kreuzfahrten?«
»Ein Motorboot«, sagte Morlacchi geduldig. »Hör zu, du kennst mich. Ich nehme zehn oder zwölf Tage Urlaub im Jahr. Nur um meinem Bruder und meiner Schwägerin einen Gefallen zu tun. Das ist alles. Du mußt wissen, daß ich Sardinien nicht mag. Und Viviana mag es auch nicht.«
»Und der Ehemann dieser Dame Viviana, er war nicht dabei?«
»Nein, er war in Brasilien auf Schmetterlingsjagd.«
Sandro nahm die Zeitung, in der ein Foto von Cesare Bonfigli im Paßformat wiedergegeben war; er schien noch keine zwanzig zu sein und sah aus wie ein Missetäter, der soeben in die Hände der Justiz gefallen war. »Ein schöner Mann jedenfalls«, sagte er nachdenklich. »Er sieht ein bißchen zwielichtig aus. Aber ein schöner Mann – und jung.«
»Er ist nicht schön, sieht nicht zwielichtig aus und ist älter als wir. Die Aufnahme wurde vor Ewigkeiten gemacht.«
»Er sieht nicht wie ein Selbstmordtyp aus.«
»Einen solchen Typ gibt es nicht. Selbstmord ist eine Krankheit, über die man praktisch nichts weiß.«
»Schon, aber der Mann soll manische Depressionen gehabt haben.« Zögernd ließ Sandro die Zeitung fallen. »Und wenn jemand an manischen Depressionen leidet, dann müßte die Familie es wissen. In dem Fall wärst du aus dem Schneider. Im Grunde genommen bist du auch nicht der Typ eines Verbrechers.«
»Danke. Aber die Familie ist Viviana. Und Viviana ist meine Geliebte. Ist dir das klar?« Morlacchi merkte, daß er schwitzte. In dem Luftzug, der durch das halboffene Fenster kam, klebte ihm das

Hemd am Leib. »Was ich auch sagen würde, niemand würde mir glauben.«
»Wer weiß, daß sie deine Geliebte ist?«
»Wer das weiß, wer das weiß! Im Augenblick nur wenige oder niemand. Aber nimm einmal an, der Untersuchungsrichter verhört mich, oder mein Bild erscheint in der Zeitung. Stell dir vor, wie viele dann mit dem Finger auf mich zeigen werden. Und wer zieht mich aus dem Dreck? Du nicht«, fügte er verärgert hinzu.
»Schön.« Sandro begann sich langsam und in aller Ruhe dem Kernpunkt ihres Problems zu nähern. »Wußte diese Dame nun oder wußte sie nicht, daß ihr Mann an manischen Depressionen litt? Und wußten es andere?«
»Mit mir hat sie nicht darüber gesprochen. Wir sprachen nie über ihren Mann bei unseren Begegnungen.«
»Das glaube ich. Aber es ist merkwürdig, wenn man darüber nachdenkt. Im Grunde genommen bist du ein Arzt mit einem gewissen Ruf.«
Ja, es war merkwürdig, sehr sogar. Die Betonung war ihm nicht entgangen. Das »im Grunde genommen« und »gewisser Ruf« ließ er unbeachtet und sagte abwehrend: »Ich habe mit ihr auch nicht über Liliane gesprochen. Unsere Beziehungen waren – wie soll man sagen . . . ?«
»Laß nur, ich habe begriffen. Aber hör zu, kann es sein, daß jemand an manischen Depressionen leidet und einen Selbstmord plant, ohne daß andere etwas merken?«
»Es kommt vor, manchmal. Nachträglich nennt man es nervöse Erschöpfung, Streß, Überarbeitung, was du willst. Oder man tut erstaunt. ›Er war immer so freundlich, nie schlecht gelaunt, immer zu Scherzen aufgelegt, wer hätte das gedacht.‹«
»Gut. Aber warum hat er sich gerade an dich gewandt? Psychologie oder Neurologie, oder wie zum Teufel es heißt, ist nicht dein Fach. Glaubst du, es war wirklich nur ein Zufall?«
Er veranstaltet mit mir ein regelrechtes Verhör, dachte der Professor, wieder vom Morlacchi-Syndrom befallen. »Das weiß ich nicht. Was meinst du? Vermutlich ja. Wenn er einen Verdacht gehabt hätte, dann hätte ich es gemerkt.«
»Er wollte sich mit dir vergleichen«, scherzte Sandro etwas taktlos. »Um zu sehen, ob es noch Möglichkeiten gab, die Gattin

zurückzugewinnen. Voller Entmutigung brachte er sich dann um.« Morlacchi schoß in die Höhe. »Könntest du mir vielleicht einen Anwalt empfehlen, statt dir solche Albernheiten auszudenken?«
Sandro stützte sich auf die Lehne seines Sessels und brach in ein zufriedenes Gelächter aus, als ob es seine höchste Pflicht wäre, den Freund zu ärgern. Aber dann entschloß er sich, das Problem ernsthaft zu erörtern. »Meiner Ansicht nach müßte man die Dame als erstes fragen, ob sie von diesen manischen Depressionen gewußt hat. Wenn das der Fall ist, gehst du zur Polizei. Denn dann bist du nur Zeuge und kannst nach dem Gesetz nicht gezwungen werden, eine Aussage zu machen.«
Von diesem Augenblick an stürzte Morlacchi sich in einen Irrgarten von nutzlosen Anrufen und Nachforschungen; die Trauer hatte eine unsichtbare Mauer um Viviana geschaffen. Und er stand vor der unerfreulichen Aufgabe, unerwartet vor ihr auftauchen zu müssen, ohne daß alle anderen ihn bemerkten.
So hatte er den ganzen Sonntag verbracht, indem er einen Schritt vor und zwei zurück ging, hin- und hergerissen zwischen dem Verlangen, die ganze Geschichte möglichst schnell zu beenden, und der Furcht, sich rettungslos bloßzustellen.
Er hatte am Eingang zum Park Posten bezogen und sah eine Art Trauerzug, drei oder vier Autos, das von Viviana vorn, sie führte den Zug zur Stadt an, und er befand sich hinter ihnen, immer noch erfüllt von der unmöglichen Hoffnung, von ihr bemerkt zu werden, ohne daß die anderen ihn sahen. So war er, mit einiger Angst, am Posten der Carabinieri, dann vermutlich an der Leichenhalle vorbei und endlich zu der Barockvilla gekommen, von der Cesare Bonfigli den großen Sprung getan hatte. Und ständig kam er sich wie ein Wurm vor. Wie ein Parasit drängte er sich in die Riten anderer ein, und ständig versuchte er den Blick von Viviana auf sich zu ziehen, aber immer erfolglos.
Anhänglich, aber ohne Hoffnung, hatte er den Zug zum Haus begleitet, machtlos folgte er der Autoreihe, und als sie im Park verschwand, suchte er das nächste Telefon.
»Wer will die Signora sprechen?« hatte die erschöpfte Stimme eines Hausmädchens gefragt.
»General Cialdini.«
»Einen Augenblick, ich sehe nach.«

Morlacchi stellte sich die Szene vor. Die Ankündigung des Mädchens, eine Welle unwilligen Erstaunens unter den Anwesenden, ein Anfall von Neugier bei Viviana, vielleicht gemischt mit einer Ahnung, aber gebremst durch ihre Pflicht, sich nach außen uninteressiert zu zeigen. Zum zehnten Mal an diesem Sonntag hatte er sich wie ein Idiot benommen, aber Cialdini war der erste Name, der ihm eingefallen war.
Das Hausmädchen nahm den Hörer wieder auf, immer noch höflich, aber deutlich kühler. »Es tut mir leid, die Signora ist nicht zu Haus. Wenn ich etwas ausrichten soll . . .«
»Danke, es ist nicht wichtig.«
Und da er entschlossen war, nicht nach Rom zurückzufahren, ohne mit Viviana gesprochen zu haben, hatte er noch eine Dummheit begangen. Er war zum Motel am Bahnhof gefahren, dem einzigen anständigen Hotel in der Gegend, und hatte eine konfuse Geschichte erzählt – daß er überfallen und beraubt worden war –, um auf diese Weise ein Zimmer zu bekommen, ohne einen Ausweis vorzeigen zu müssen.
Ja, gewiß, hatte der Portier gesagt, sehr gern, aber leider war nichts frei, und er empfahl ihm, sich an die Carabinieri zu wenden.
»Eine gute Idee!« hatte Morlacchi erwidert und war sich bewußt, daß ihn dieser Mann in den nächsten zehn Jahren nicht mehr vergessen würde. Er hatte die Flucht ergriffen und war schließlich in einer schäbigen Absteige gelandet, die sich in falschem Ehrgeiz Hotel *Clementi* nannte.
Er wiederholte den Fehler von vorhin nicht noch einmal, und so fand er eine Bleibe und ein halb ungenießbares Abendessen. Allerdings gab es, unter anderem, ein hübsches Zimmermädchen, das ihn ständig interessiert anstarrte. Offenbar war sie geneigt, sich verführen zu lassen.
Er widerstand der Versuchung. Nachdem er gegessen hatte, fuhr er wieder zur Villa Bonfigli. Sie war gewissermaßen der leuchtende Edelstein des Tages.
Morlacchi hätte nicht gedacht, daß eine zwei Meter hohe Begrenzungsmauer ihm solche Schuldgefühle und solche körperlichen Anstrengungen bereiten würde. Als er mit etwas Glück auf der anderen Seite gelandet war, benutzte er nicht den Weg, sondern drängte sich durch die Eichen, und dabei stolperte er über verbor-

gene Wurzeln und versuchte nicht auf den Wind zu lauschen, dessen Geräusche im Laub manchmal wie Schritte klangen oder wie ein bedrohliches Murmeln und für einen schrecklichen Augenblick sogar wie das Gekläff von Wachhunden.

Er seinerseits glaubte, mit den Augen Außenstehender gesehen, halb unsichtbar zwischen Mondlicht und Schatten, wie ein Gespenst zu wirken, das sich verirrt hatte und sicher als erstes erschrecken würde.

Endlich hatte er das Gebäude umgangen, gerade noch rechtzeitig, um zu sehen, wie die Lichter im Erdgeschoß gelöscht wurden. Kurz danach gingen sie im ersten Stock an, genau über seinem Kopf, und Morlacchi hatte, mit jener außersinnlichen Begabung, deren er sich ein wenig schämte, den Eindruck, klar und deutlich, daß es Vivianas Zimmer war.

Weniger als zwei Meter von der Mauer des Hauses entfernt schien eine Tanne eigens für ihn gepflanzt, kräftig und mit vielen Ästen, versuchend und trügerisch wie eine Einladung der magischen Circe. Professor Morlacchi war kein Sportsmann, aber der Aufstieg im unteren Teil war leicht; weniger einfach in der Mitte und geradezu verwegen im oberen Teil. Und vergeblich.

Im Rahmen des geschlossenen Fensters sah er nicht Viviana, sondern eine Art Mister Universum, gekleidet in einen Chinesenkittel und damit beschäftigt, mit Sorgfalt sein glänzendes Haar zu kämmen.

Morlacchi war noch derartig in den Gedanken verrannt, daß es Vivianas Zimmer war, daß für einen wütenden Augenblick der Verdacht in ihm auftauchte, er hätte einen Liebhaber Nummer zwei vor sich. Aus Gesten und Haltung des Mannes war klar ersichtlich, daß er mit einer anderen Person außerhalb von Morlacchis Blickfeld sprach. Dann erschien im Fenster eine Frau, die angezogen schlank gewirkt hätte, aber in der rosa Strickjacke, die kaum bis zum Ansatz ihrer Beine reichte, sah sie aus wie ein Strich. Sie war um fünfzig, hatte eine weiße Cremeschicht im Gesicht und wirkte so wenig verführerisch, wie man es von einer Frau erwarten kann, die sich nach zehn Ehejahren anschickt, mit ihrem Mann ins Bett zu gehen.

Der Professor hatte nachmittags bei seiner Verfolgung einen Blick in eines der Autos geworfen und dachte, es könnte die Schwägerin

Bianca sein. Er war alles andere als ein Voyeur und versuchte Mut zu sammeln, um den Abstieg zu beginnen, aber trotzdem hatte die Szene einen krankhaften Reiz. Bianca, die ihr schamloser Aufzug nicht störte, schien eine griechische Tragödie zu deklamieren, und durch das Fehlen aller begleitenden Geräusche zu ihrem aufgeregten Mienenspiel entstand der Eindruck eines Fernsehschirms, bei dem der Ton ausgefallen war.

Dieser einzige leuchtende Fleck in der dichten Finsternis der Nacht hatte etwas Unwirkliches. Bianca ging gestikulierend auf und ab, dann blieb sie plötzlich stehen und drehte sich um, streckte anklagend den Arm aus, zog sich erschreckt zurück und warf die farblosen Haare herausfordern nach hinten.

Und das tat sie alles allein. Der Schönling saß halb liegend in einem Sessel, die aus dem Kittel ragenden Beine leicht gespreizt, und las in einer Zeitschrift. Er ließ sie einen Augenblick sinken, hob den Blick und sagte mit deutlicher Stimme: »Ta gueule, vieille toquée . . .«

Morlacchi zuckte zusammen, als das Bild plötzlich sprach, und richtete sich auf seinem Ast auf. Dann begriff er, daß die Frau mit leiser Stimme redete, während ihr Gatte nicht die gleichen Skrupel hatte. Ihre Mimik wurde abwechslungsreicher. Sie gestikulierte weiterhin heftig, aber jetzt wirkten ihre Gesten eher flehend als anklagend. Es war ersichtlich, daß der Mann hinter der Zeitung antwortete, denn Bianca unterbrach sich, lauschte und stotterte eine Erwiderung. Jetzt schluchzte sie, ihr Gesicht war in Tränen gebadet, und beim Sprechen preßte sie die Fäuste gegen die Wangen. Plötzlich ließ sie sich zwischen seinen Beinen auf die Knie fallen, vergrub das Gesicht in seinem Schoß, und ihre Finger zerrten voll Eifer an den Falten des Kittels herum.

Bestürzt und jeder Bewegung unfähig, das Gesicht rot und verzerrt vor Scham und Mitleid, beobachtete Morlacchi die Szene, für die sich von allen dreien Mister Universum am wenigsten zu interessieren schien. Er hatte die Zeitschrift fortgeworfen und starrte an die Zimmerdecke. Sie hielt immer noch seine Hüften umklammert und schluchzte mit geschlossenen Augen, das teilweise verdeckte Gesicht hatte den Ausdruck eines ergebenen Hundes, als der Mann sie an den Nackenhaaren packte, von sich schob und gähnend aufstand, um aus dem Blickfeld zu verschwinden.

Endlich fand Morlacchi die Kraft, von seinem Baum zu steigen; dabei blieben kleine Fetzen von Stoff und Haut an den Ästen hängen. Als er keuchend und stolpernd durch den Eichenwald lief, hatte er das Gefühl, erst wieder zu sich zu kommen, wenn er in der Geborgenheit seines Maserati war.
Als er, immer noch verwirrt und aufgewühlt, wieder im *Clementi* war, gelang es ihm um Haaresbreite, dem einsamen Zimmermädchen zu entgehen, das im Flur auf ihn wartete und lachte wie eine liebestolle Kuh. Aber trotzdem fand er in dieser Nacht keine Ruhe. Das Hotel schien aus einer Welt von Irren zu bestehen, in die er eingesperrt war. In dieser Welt gab es unbekannte Zimmernachbarn, die Durchfall hatten, einen Geschäftsreisenden, der zu einer unglaublichen Zeit aufstand und ein heiteres, extrovertiertes Wesen haben mußte, denn es war ihm egal, ob alle wußten, wie er die Schuhe anzog, indem er die Absätze auf den Boden stampfte, oder wie er den Koffer schloß, indem er mit der Faust auf die Scharniere schlug. Dann kam er auf politische Gedanken und begann ohne falsche Scham alte Faschistenlieder zu singen. Die zugeschlagene Tür kennzeichnete eine kurze Spanne der Hoffnung, die durch das Eintreffen eines Unbekannten und dann einer Unbekannten unterbrochen wurde, die sich mit Fröhlichkeit der Reinigung des Zimmers widmeten. Dann schlief Morlacchi, den eine irre Wut gepackt hatte, plötzlich ein.
Heute hatte er nach einem schweren Vormittag in der Klinik den ganzen Nachmittag über die vergebliche telefonische Jagd nach Viviana fortgesetzt. Sie war nie persönlich an den Apparat gekommen, und ihm fehlte der Mut, sie rufen zu lassen.

Von der Bar des *Agip* beobachtete er in einer Staubwolke, die der Wind aufgewirbelt hatte, den Sonnenuntergang, und er hatte das Gefühl, in eine akute Krise des Morlacchi-Syndroms zu geraten. Er führte die ziemlich heiße Tasse an die Lippen und zog sie ruckartig fort, wie unter einem Bann. Er beschloß, daß er um jeden Preis diesen verdammten Kreis durchbrechen mußte, in dem sich Viviana befand und aus dem er ausgeschlossen war. Er folgte mit mißtrauischen Blicken der Kassiererin, die ihn nicht einen Augenblick aus den Augen ließ (verdächtigte sie ihn? Aber warum? Hatten sie sich früher schon gesehen? Wo?), ging zum Telefon und

wählte die Nummer.
Es meldete sich nicht die gewohnte wohlklingende Stimme des Hausmädchens, sondern eine andere mit einem leichten ausländischen Akzent, und mit mildem Erschrecken erinnerte er sich wieder an die Szene in der Nacht. Bianca wußte nicht, ob die Signora ans Telefon kommen konnte. Wer wollte sie sprechen?
»La Marmora«, sagte Morlacchi entschlossen.
Am anderen Ende unsicheres Schweigen. »Warten Sie.«
Morlacchi erlebte einen Schock. Hinter seinem Rücken hatte jemand heimlich den Musikautomaten angestellt, und dröhnende Musik brach über ihn herein. Wütend drehte er sich um und begegnete dem starren Blick der Kassiererin. Verlegen drehte er sich erneut auf den Absätzen um, zog den Kopf zwischen die Schultern, und so erreichte ihn die kühle Stimme von Viviana.
»Hallo, wer spricht dort?«
»Ich bin es, Franco.«
Eine kleine Pause, dann: »Es ist wirklich nett von dir, danke; es war so schrecklich.«
»Hör zu, es gibt noch viel Schrecklicheres. Ich muß dich sofort sprechen.«
Die Stimme wurde leiser. »Das ist jetzt nicht möglich.«
»Dann später. Nach dem Abendessen.« Am anderen Ende herrschte unsicheres Schweigen. Viviana fand offensichtlich keine Antwort, die ihm und ihren anderen Zuhörern in gleicher Weise gerecht wurde. »Es ist wichtig. Wenn du gegen acht kannst, sag nein. Wenn dir zehn lieber ist, ja.«
»Nein, das kann ich jetzt noch nicht sagen. Es ist so – plötzlich.«
Der Tonfall war vollendet, mutig und resigniert. Viviana verlor nicht leicht den Kopf, dachte Morlacchi bewundernd, aber auch ein bißchen unsicher.
»Gut, ich erwarte dich gegen halb acht. Versuch zu kommen.«
»Weißt du, es ist nicht leicht. Ein furchtbarer Schlag. Ich versuche stark zu sein, bestimmt. Danke, bis bald.«
Und so war Morlacchi von einer Welle der Hoffnung erfüllt. Die manischen Depressionen von Cesare Bonfigli waren zweifellos allgemein bekannt, und in wenigen Stunden würde alles geklärt sein. Viviana war eine bewunderungswürdige Geliebte. Freundlich gestimmt gegen die Welt und mit verminderter Wachsamkeit kam

er ins *Clementi* zurück. Diesmal war das Mädchen schneller als er. Er fand sie vor der Tür seines Zimmers.
»Professor Morlacchi, ich muß mit Ihnen sprechen«, sagte sie ernst.
Für einen Augenblick glaubte er, sie sei nur eine neue Patientin, die umsonst behandelt werden wollte. Er setzte sein berufsmäßiges Lächeln auf und öffnete die Tür. »Machen Sie es sich bequem, wir werden gleich sehen.«
Rosa schüttelte den Kopf. Auch sie lächelte, aber so, als ob ihre Mundwinkel von unsichtbaren Drähten gezogen würden. Sie schien Angst zu haben. »Nicht hier. In einer Viertelstunde auf der Piazza, neben dem Dom. Da ist ein Zeitungskiosk. Sie kommen im Auto und steigen nicht aus, ich steige ein.«
»Aber wollen Sie mir nicht erklären . . .«, fragte er totenbleich.
»Ich rate Ihnen zu kommen, wenn Sie nicht im Knast enden wollen.«
Sie hatte Angst vor ihm. Das sah er sofort. Aber das vermochte ihn nicht im geringsten zu beruhigen. Im Gegenteil. Er setzte zum Sprechen an, aber das Mädchen war schon fort.

Sie sprachen vom Wind, von den Jahreszeiten, die es nicht mehr gab, wieviel Zeit vergangen war, fast zwanzig Jahre, wer hätte das gedacht? Aber er hatte sich gar nicht verändert. Und sie auch nicht, sie blieb immer die gleiche.
Halb von Sinnen hatte Mario Aldara sich anfangs gefragt, wer diese schöne, vollendete Frau eigentlich war, mit der er nichts gemeinsam hatte. Dann hatte sie mit einem halben Lachen und mit einem Seufzer, der schamhaft unterdrückt wurde, oder mit einer Handbewegung, einen unbekannten Mechanismus ausgelöst, indem sie ihm erzählte, was ihm Schwindelanfälle bereitete, daß sie immer noch nicht ganz erwachsen war. Es war eine fast schmerzhafte Erfahrung, als ob eine Diamantspitze sich in die Wurzeln seines Seins bohrte und ihm den Atem raubte.
Dann kam die Schwägerin und verkündete, daß ein gewisser La Marmora sie am Telefon sprechen wollte, und Aldara blieb allein mitten im Raum zurück.
In zwei Fragen, die ihn unbewußt seit seiner Ankunft gequält hatten, hatte er Gewißheit erlangt. Ja, es lohnte sich, daß er für

Viviana sein Leben ruiniert hatte. Nein, sie hatte ihn nie betrogen (Cesare zählte natürlich nicht). Warum er so sicher war, hätte er nicht sagen können, aber er hatte nicht den geringsten Zweifel. Jetzt konnte er endlich nach Rom zurückfahren. Aber als er sich zur Tür wandte, berührte jemand seine Schulter.
Viviana, dachte er erschauernd, obwohl er sie vor sich am Telefon sah.
»Wir kennen uns«, sagte Pietro mit einem ernsten Lächeln. »Als ich dich zuerst sah, konnte ich dich nicht unterbringen. Aber du bist Mario Aldana. Wir sind zusammen zur Schule gegangen.«
»Aldara. Nicht in dieselbe Klasse.«
»Ja, Aldara. Ich bin ein paar Jahre älter. Du hast promoviert in – einen Augenblick – in Architektur.«
»Urbanistik.«
»Stimmt, Urbanistik. Solltest du nicht nach Kanada gehen, um ein neues Stadtmodell zu entwickeln? Wir suchen hier schon den Platz aus, wo dein Denkmal stehen soll.«
Jetzt brauchte er eine schlagfertige Antwort, die sich einprägte, dachte Aldara. »Den Plan habe ich aufgegeben«, sagte er. Aber das wußte Pietro recht gut. Es war nicht vorstellbar, daß er von der ganzen Geschichte keine Ahnung hatte. »Ich arbeite jetzt beim Staat.«
»Das habe ich gehört. Und hier bist zu wegen einer speziellen Untersuchung.«
Achtung, aufpassen! Um Zeit zu gewinnen, zündete er sich eine Zigarette an und lachte. »Und woher weißt du das?«
»Hier verbreitet sich alles schnell.« Pietro lachte ebenfalls. »Nicht wie in Rom. Können wir uns einen Augenblick allein unterhalten?« Er deutete auf eine elfenbeinfarbene Tür mit pistaziengrünen Verzierungen. Darüber befand sich ein halbkreisförmiges Freskogemälde, in dem eine vorzeitig gealterte venezianische Putte den Himmel beobachtete, als ob sie Regen fürchtete. Sie kamen durch einen riesigen Friedhof von Schmetterlingen, die hinter ihren Glasscheiben einbalsamiert waren. Cesares Leidenschaft, murmelte Pietro, der er die Hälfte seines Lebens gewidmet hatte. Anscheinend hatten sie einen beachtlichen wissenschaftlichen Wert. Er wußte nicht genau, was Cesare damit gemacht hätte.
»Er hat keine Andeutungen gemacht?«

Pietro warf ihm einen raschen Blick zu. »Nichts. Er hat kein Testament gemacht und keine zwei geschriebenen Zeilen hinterlassen. Er ist gegen sechs gestorben, und um fünf hat er die Karten für das Konzert jenes Abends bestellt.«

»Schrecklich«, sagte Mario Aldara.

»Er hat sich nicht wie jemand verhalten, der mit Selbstmordabsichten spielt . . .« Pietro versagte die Stimme. Ohne jede Vorwarnung schien er plötzlich in Tränen auszubrechen, aber es gelang ihm, sich zu beherrschen. Dieser Tod war so – so brutal, und alle waren völlig überrascht.

Er führte Aldara in ein anderes Zimmer, das in gewisser Weise noch finsterer war. Keine hübschen Insektenleichen unterbrachen die Eintönigkeit des weinfarbenen Plüschs mit den Mahagonimöbeln und den Büchern, einer gewaltigen Menge von Büchern, die wahrscheinlich nie aufgeschlagen wurden und alle in dunkelroten Maroquin gebunden waren.

Das Mädchen von der Honda saß halb liegend in einem Sessel an der Bar und füllte ein Glas mit Whisky. In der anderen Hand hielt sie eine sehr dünne Zigarre.

»Ach, hier bist du«, sagte Pietro mürrisch. »Das ist Dr. Aldara – Patrizia, meine Verlobte.«

Das Mädchen hob das Glas zur Begrüßung, sagte aber nichts. Sie trug eine weiße Hemdbluse und einen dunklen Rock. Das Haar fiel ihr bis auf die Schultern, und sie sah aus wie ein Schulmädchen in den Ferien.

Die Bonfigli bauen vor, dachte Aldara. Sie erneuern die Erbmasse der Familie mit frischem bäuerlichen Blut – und dann kriegen sie keine Kinder.

Pietro setzte sich an den Schreibtisch und machte eine Bewegung, als ob er sich den Bart streichen wollte. In der Mitte brach er ab, begann die Bewegung erneut und führte sie zu Ende. Er hatte einen kurzen, gepflegten, sehr modischen Bart. Dann stützte er die Ellbogen auf die Lederunterlage und war offensichtlich im Begriff, eine kleine Rede zu halten.

»Sieh mal, Aldara, die Nachrichten verbreiten sich von selbst. Der Wind«, er deutete auf die Vorhänge, die an den Fensterscheiben flatterten, »trägt sie sozusagen von Ohr zu Ohr, ohne daß man genau weiß, wie. Innerhalb der zwei oder drei sozialen Schichten,

in denen wir leben, gibt es eine Art geschlossenen Nachrichtenkreis.«
»Sicher«, murmelte Aldara, nur um etwas zu sagen. Patrizia hörte mit gerunzelter Stirn gelangweilt zu.
»Es ist natürlich nicht gesagt, daß diese kollektiven Meinungen die Wahrheit darstellen«, fuhr Pietro fort. »Auch wenn sie zum Schluß allein gültig sind. Ich komme zum Thema. Heute und hier hat sich eine allgemeine, sehr feste Meinung über den Tod von Cesare gebildet. Frag mich nicht, woher ich das weiß. Alle sind überzeugt, daß Cesare ermordet wurde, und man versucht auch, eine genaue Beschreibung des mutmaßlichen Mörders zu geben.«
Man beschreibt ihn als den Liebhaber von Viviana, dachte Mario Aldara. Auch Bradolin schien etwas in dieser Richtung zu vermuten, aber er unternahm nichts. Nur er, Aldara wußte, daß Viviana keinen Liebhaber hatte, und deshalb konnte er seinen Verdacht auf einen anderen Täter richten.
Er schmiegte sich in seinen Sessel und stellte keine Fragen. Dabei fühlte er, wie der Blick des Mädchens, spitz wie ein Bohrer, auf ihn gerichtet war.
Pietro hielt einen Augenblick inne, als ob er eine Unterbrechung erwartete. Dann fuhr er mit einem Seufzer fort: »Nun sind die Leute zu dem Schluß gekommen, daß wir von der Familie alles tun, um den Skandal – denn natürlich wird von einem Skandal geredet – zu unterdrücken. Was nun Viviana, Bianca und mich betrifft, kann ich dir versichern, daß das nicht stimmt. Im Gegenteil, wir wollen, daß die Wahrheit herauskommt. Und wir sind überzeugt, daß diese Wahrheit keine Ähnlichkeit mit dem hat, was diese Gerüchte verbreiten. Wir haben jedoch auch keinen Beweis, daß Cesare nicht Selbstmord begangen hat, aber jedenfalls hätte er ihn nicht auf so theatralische und peinliche Weise vollzogen. Wir haben keine Angst, und wir wollen, daß der Mörder verhaftet wird.«
»Mir scheint«, Aldara räusperte sich, »daß wir uns falsch verstehen, du und ich. Ich bin kein Privatdetektiv, und ich bin im Begriff, nach Rom zurückzufahren. Ich soll nur einen Bericht machen über die Stimmung und über die äußeren Umstände. An der Wahrheit ist das Ministerium überhaupt nicht interessiert.«
»Einen Augenblick, entschuldige. Ich habe heute morgen mit dem

Untersuchungsrichter Ardeatta gesprochen, und er hat den Eindruck, daß auch du geneigt bist, dich an die äußeren Umstände zu halten. Er glaubt, daß Cesare ermordet wurde, aber schließlich hat er amtlich den Selbstmord bestätigt, weil es ihm nicht gelungen ist, den kleinsten Beweis für das Gegenteil zu finden. Der Eifer der Carabinieri läßt offenbar viel zu wünschen übrig.«
»Warum ist er überzeugt, daß es ein Mord war?«
Pietro verzog das Gesicht zu einem Zwischending zwischen Lachen und Fratze und strich mit den Fingerspitzen über die Kuppen seiner Daumen, als ob er etwas Unumstößliches betonen wollte. Dann stand er plötzlich auf.
»Gerüchte. Unterstellungen, unklare Andeutungen, die niemand laut aussprechen würde. Aber eines ist logisch. Wie auch diese kollektive Meinung ist, von der wir vorhin sprachen, sie drückt sich niemals deutlich aus. Bei keinem, erst recht nicht bei einem Fremden, und schon gar nicht bei einem Untersuchungsrichter, der eine unvorhersehbare Kettenreaktion auslösen würde.«
»Warum? Es handelt sich in diesem Fall um einen Mord. Und der Mord setzt einen Mörder voraus, sonst nichts.«
»Das sagst du. Aber so einfach sind die Dinge nicht, und daran solltest du dich auch nach zwanzig Jahren noch erinnern.« Pietro richtete sich plötzlich auf und griff wieder mit jener sonderbaren Bewegung an seinen Bart, brach sie ab und führte sie mit Entschlossenheit zu Ende. »Weil jeder von uns seine Leiche im Schrank versteckt hat.«
»Du auch?«
»Ich auch. Nichts Ernstes, aber mir wäre unangenehm, wenn es bekannt würde. Jetzt sind diese Leichen in Schränken ohne Schlösser aufbewahrt, mit angelehnten Türen. Wir sind alle Komplicen, es ist zwischen uns eine Art Schweigepflicht entstanden, nicht so streng wie bei der Mafia, vom Klatsch durchlöchert, aber im Grunde zuverlässig. Sagen wir, daß unsere Umwelt in ihrer Gesamtheit vieler Verbrechen schuldig ist, juristischer und moralischer, und sie fürchtet, daß nach Aufdeckung des einen die anderen folgen werden. Der Tod von Cesare ist eine bedrückende Tatsache, denn der Mörder kann dem, der Bescheid weiß, gefährlich werden. Jedoch«, Pietros Stimme wurde ernster, »jedoch uns Bonfiglis liegt daran, die Wahrheit zu enthüllen. Wir sind über-

zeugt, daß sich der Mörder außerhalb unseres Kreises befindet. Und wir wollen, daß er gefunden wird.«
Er schwieg und setzte sich auf die Armlehne des Sessels von Patrizia, die sich mit einer winzigen Bewegung zurückzog. Dann drehte er sich um und lehnte sich vorsichtig an sie.
Das Schweigen dauerte einige Minuten und wurde nur durch das Rauschen des Windes in den Eichen und das eintönige Flattern der Vorhänge gestört.
»Ich glaube, daß nur du ihn finden könntest«, sagte Pietro mit einem weiteren tiefen Seufzer. Aldara wollte verneinen, aber er kam nicht dazu. »Weil du ein offizielles Amt hast. Außerdem bist du fast ein Fremder und deshalb kein Komplice, und trotzdem gehörst du noch irgendwie zu unserem Kreis.«
Aber ich will ihn nicht finden, auf keinen Fall, dachte Aldara und sagte: »Ich fahre nach Rom zurück.«
»Das könntest du verschieben.«
»Warum sollte ich?«
»Ich weiß nicht. Ich dachte . . .«, erwiderte Pietro rasch. Er wußte sehr gut, warum. Wegen Viviana. Aber es gab zwei Auslegungen. Um Viviana zu helfen, oder um sich an Viviana zu rächen. Vielleicht ahnte Pietro, welcher der beiden Antriebe der stärkere war. Mario Aldara nicht.
»Nun«, sagte er. »Wer hat ihn umgebracht, deinen Bruder?« Patrizia lachte und sah ihren Verlobten an. Warum zum Teufel lachte sie?
»Ich habe nicht die leiseste Ahnung«, erklärte Pietro. Aldara hatte das Gefühl, daß ihm ein Köder hingeworfen wurde, aber warum gerade ihm? Er sah sich mit den Augen der anderen, wie es ihm nur selten gelang. Eine Art erfolgloser Polizist, der sich im Bauch des Ministeriums verkrochen hatte, ein vierzigjähriger Versager, der bedeutungslos war und keine Karriere vor sich hatte. Pietro wandte sich nicht an Inspektor Maigret, sondern an einen stotternden Dummkopf. Aldara wußte, daß er kein Massenmensch war, aber das war sein wohlgehütetes Geheimnis.
Also warum? Um sich ein moralisches Alibi zu verschaffen, ohne sich einer Gefahr auszusetzen? Oder um ihn auf eine falsche Spur zu locken? Oder um auf die eine oder andere Weise seinen schwachen Punkt – Viviana – auszunutzen? In allen diesen Fällen war die

Einladung nicht schmeichelhaft.
Er stand in aller Ruhe auf und nahm seine kleine Rache. »Ich werde darüber nachdenken«, sagte er, als er das Zimmer verließ, und war entschlossen, schnellstens abzureisen.

Aber Viviana im Salon sah ihn mit großen Augen an wie eine Hirschkuh auf der Flucht, als ob sich in dieser Viertelstunde etwas zugetragen hätte, was viel umwälzender war als der Tod ihres Gatten. Kein anderer hatte das bemerkt, nur er. Er und vielleicht die Alte mit den wässerigen Augen, die sie, hart wie Stahl, auf ihre Schwiegertochter gerichtet hatte.
Bei der Begrüßung preßte Viviana die Hand auf seinen Arm und fragte, ob er noch etwas bleiben könnte. Sie hatte aschgraue Lippen und wirkte wie eine Schiffbrüchige, die sich an ein Floß klammerte.
Das Floß bin ich, dachte Aldara mit trockenen Lippen und einem üblen Gefühl in der Magengegend. Er sagte, er wüßte es nicht, vielleicht.
»Ich möchte gern mit dir reden«, murmelte sie.
»Ich auch mit dir.«
Errötend durchquerte er den Saal, der ihm sehr lang vorkam. Die alte Bonfigli, auf den Knauf ihres Stocks gestützt und von einem ständigen Zittern geschüttelt, sah ihm mit einem bösen Blick nach.

Patrizia erwartete ihn. Sie saß nachlässig im Auto und blätterte in einem Comic-Heft. Sie sah ihn lächelnd an und fragte, ob er sie ein Stück mitnehmen könnte.
»Was haben Sie mit Ihrem Motorrad gemacht?«
»Psst! Das gibt es nicht mehr, ich habe es vor sechs Monaten verkauft. Pietro hat es mir verboten, nachdem ich ein paarmal gestürzt war. Sehen Sie.« Mit einer gespielt kindlichen Geste, die bis ins Innerste unecht war, zog sie den Rock nach oben und enthüllte die Spitze eines dreieckigen weißen Höschens. An einer Stelle hob sich ein helleres Mal von der sonnengebräunten Haut ab, kaum sichtbar, wie mit einem weißen Stift gezeichnet.
»Warum verkaufen Sie es nicht wirklich?« fragte er unsicher. »Es ist viel zu schwer für Sie.«
Das Mädchen ließ mit einer unbestimmten Bewegung den Rock

fallen. Die Honda war ihr Traum, sie konnte sich von ihr einfach nicht trennen. Sie fuhr nachts, wenn niemand sie sah. Sie fuhr nach Rom und wieder zurück mit der Honda. Sie machte hundertvierzig im Schnitt.

Aldara fragte sich, was sie veranlassen konnte, mit hundertvierzig im Schnitt bei Nacht nach Rom zu fahren. Er war versucht gewesen, die kleine Narbe an dieser so strategischen Stelle zu streicheln. Natürlich hatte er es nicht getan, und die Frage stellte er jetzt auch nicht.

»Ich fahre gern bei Nacht«, erklärte sie. »Ohne Helm, und die Haare flattern im Wind. Man hat das Gefühl, daß der Tod direkt vor einem lauert. Wo das Licht der Scheinwerfer aufhört. Ich stelle mir den Tod wie einen sehr schönen Jungen vor, dem man folgt, ohne zu wissen, was danach kommt. Ich bin ein bißchen verrückt«, schloß sie, als ob das ihre Gedanken erklären könnte.

Aldara nahm die nächste Kurve etwas langsamer und sah sie von der Seite an. Er fragte sich, ob diese Begegnung rein zufällig war. Er wußte es nicht.

»Wissen Sie die heutige Dollarnotierung?«

Aldara war etwas verwirrt. »Natürlich nicht.«

»Er fällt bis in den Keller.« Mit Bitterkeit berichtete sie, daß sie ein kleines Konto in der Schweiz hatte, das Cesare für sie eröffnet hatte, und der Bankier hatte sie erst alles in Dollar anlegen lassen, und als der Dollar wieder zu steigen begann, hatte sie die Dollar abgestoßen und dafür Mark gekauft. Und jetzt wackelte die Mark. »Wenn ich das Gegenteil gemacht hätte, dann hätte ich das Kapital verdoppelt, und das habe ich Cesare gesagt. Der Dollar ist sicher, es macht nichts, wenn er fällt. Man muß sich immer an die Starken anhängen . . .«

»Hatte Cesare ein Konto in der Schweiz?«

»Ich glaube«, sagte sie verdrossen. »Aber er hatte über eine Milliarde. Er konnte die Risiken verteilen und gewann immer.«

»Und Sie?« Aldara mußte lachen, über ein kleines Mädchen, das die Schule schwänzte, und über ihren konzentrierten Ernst. »Wieviel haben Sie in der Schweiz?«

»Ich hatte zehn Millionen, jetzt sind es nur noch acht. Übrigens ist es in Italien noch schlimmer. Haben Sie die Pacchetti gesehen?«

»Nein. Was hat die Pacchetti getan?«

»Das ist ein Wertpapierfond.« Sie sah ihn an, erstaunt über so viel Unwissenheit. »Er hat in einer Woche dreißig Prozent verloren. Aber da steckt sicher der Vatikan dahinter. Und wenn die Pfaffen beteiligt sind, wird man immer betrogen.«
»Mag sein«, sagte er und dachte an Viviana. Er fuhr langsamer. Patrizia hatte etwas Unbestimmbares im Blick, was ihn neugierig machte.
»Sie interessieren sich nicht für die Börse?«
»Nein. Und ich finde es eigenartig, daß Sie es tun.«
»Ich muß schnell reich werden, sehr reich. Wenn meine Angehörigen tot sind, bleiben mir ein paar Millionen und ein Stückchen Land. Bis jetzt habe ich zwanzig Millionen, und das reicht nicht. Warum, glauben Sie, heirate ich Pietro?«
»Lassen Sie mich raten. Die große Liebe?«
Es war nicht zu erkennen, ob sie ihn verstanden hatte. Mit Leidenschaft sprach sie von ihrer Zukunft. »Wir heiraten in zwei Monaten. Mit zwanzig kann ich die gesetzliche Trennung verlangen. Pietro wird mir drei- oder vierhunderttausend Lire im Monat bieten, aber ich bestehe darauf, daß ich eine Abfindung in einer Summe auf einmal bekomme. Ein Jammer, daß Cesare nicht mehr da ist, denn Pietro allein kann in zwei Jahren einen Haufen Geld durchbringen.«
»Wie?« fragte er.
Sie antwortete nicht sofort. Sie warf ihm einen raschen Blick zu und sagte etwas zögernd: »Er macht alles falsch, das hat er immer getan. Aber ein paar hundert Millionen sind noch da zum Verschwenden. Und bei hundertzwanzig, hundertdreißig Millionen fängt man an nachzudenken. Mit fünfundzwanzig bin ich geschieden. Und bis dahin habe ich etwas geschafft.«
»Was zum Beispiel?« fragte er langsam.
»Nun, ich habe keine große Auswahl, zum Studieren bin ich nicht klug genug. Aber wenigstens bin ich schön.« Leidenschaftslos schätzte sie ihren Wert ab. »Ich könnte Fotomodell werden oder Filmschauspielerin. Kein Mannequin, dazu bin ich nicht groß genug. Aber ich habe entdeckt, was man braucht, um Erfolg zu haben.«
»Was?«
»Ein bißchen Geld, um nicht gezwungen zu sein, sich mit jedem

einzulassen. Das wertet ab. Dann muß man sich an einen Fotografen oder einen Kameramann anhängen. Regisseure und Produzenten sind ungeeignet. Die gehen mit einem Mädchen ins Bett, geben ihr eine kleine Rolle, und dann suchen sie sich eine andere – von Ausnahmen abgesehen natürlich. Aber ein Fotograf oder Kameramann, wenn er tüchtig ist, kann einem viel helfen. Finden Sie nicht?«

»Mag sein«, sagte Aldara, ohne sich festzulegen.

»Haben Sie eine Zigarette?«

»In der Hosentasche, einen Augenblick.«

»Darf ich sie holen?« Ohne die Erlaubnis abzuwarten, steckte sie die Hand in seine Tasche. Erschreckt spürte Mario Aldara die zarten Finger, die rücksichtslos in der Tasche wühlten. »Ich glaube nicht, daß ich Schauspielerin werde, das wäre nicht das Richtige. Aber hier ist nichts. Ich meine, keine Zigaretten.« Dabei lachte sie frech.

Mario bremste ruckartig und fuhr in eine Lücke am Straßenrand. Er zog ihre Hand, die jetzt sanft und nachgiebig war, aus der Tasche. »Darf ich vielleicht erfahren, was Sie wollen?«

»Habe ich Sie schockiert?« fragte sie mit treuherzigen Augen, aber unter seinem Blick wurde sie langsam rot.

»Nein. Aber ich verstehe nicht.«

»Sie gefallen mir«, erklärte Patrizia. »Wirklich. In dieser Nacht auf der Piazza sahen Sie so verloren aus, und ich weiß, was das heißt. Ich hätte Ihnen gern über die Haare gestreichelt. In der Stadt erzählt man sich gemeine Dinge über Sie.«

»Was für Dinge?«

»Daß Sie Viviana noch lieben.«

Er merkte, daß er immer noch ihre Hand festhielt. Er ließ sie los. »Ich spr-spreche nicht über meine An-Angelegenheiten.«

»Oh, das tu-tut mir l-leid.« Erschreckt legte sie die Finger auf die Lippen, aber sie hatte sein Stottern so hervorragend nachgeahmt, daß Aldara lachen mußte.

»Wer hat Ihnen von den gemeinen Dingen erzählt?«

»Pietro. Pietro bewundert Sie. Er ist sehr romantisch. Auch mir hat die Geschichte gefallen, aber ich habe sie nicht geglaubt. Ich wollte Sie Ihnen erfüllen. Ein Reinfall?«

»Ich bin ein ernsthafter Mensch und lasse mich nicht beim ersten

Versuch verführen.«
Neben ihnen war eine kahle, raschelnde Weißdornhecke, und Kastanien ragten im Halbkreis in die Höhe. Für einen Augenblick hörte man nur den Wind, dann sagte Patrizia mit leiser Stimme: »Entschuldigen Sie, aber Sie sind der einzige Mensch auf der Welt, der noch fähig ist, um eine gestorbene Liebe zu trauern. Haben Sie nie bemerkt, daß edle Regungen keinen Sinn haben?«
»Hat Ihre Ehe mit Pietro etwa einen Sinn?«
»Viviana verdient es nicht«, hauchte sie. »Sie hat einen anderen, seit etwa zwei Jahren.«
»Das geht mich nichts an. Das geht mich überhaupt nichts an. Ich meine, das glaube ich nicht.«
Plötzlich kam ein Windstoß, der den Staub aufwirbelte und das Auto schüttelte. Jetzt waren sie in einen tanzenden Nebel eingehüllt.
Patrizia starrte auf ihre Fingernägel und sagte leise: »Ich habe mit dreizehn Jahren angefangen.«
»Womit angefangen?«
»Mit der Liebe. Ein bißchen früh, oder? Ein Jahr später wurden meine Eltern von einem Lastwagen überfahren. Jetzt lebe ich bei Verwandten. Wenn ich nicht Angst hätte, daß ich mich umbringe, würde ich Pietro nicht heiraten. Aber weiß man, warum man Angst vor dem Tod hat? Er ist das einzige, dem man nicht entkommen kann. Auch nicht, wenn man sich umbringt. Ich kann nicht daran denken, es bedrückt mich.« Sie hielt einen Augenblick inne, dann sagte sie, immer noch mit leiser Stimme: »Fahren wir?«
Schweigend fuhren sie ein paar hundert Meter. Aldara sagte sich immer wieder, daß es lächerlich war, Viviana konnte keinen anderen lieben, aber bei diesen Gedanken störte ihn die Anwesenheit des Mädchens.
»In dieser Nacht, und auch ein bißchen später im Arbeitszimmer von Pietro, hatte ich das Gefühl, daß Sie mich retten könnten.«
»Ich?« Er mußte lachen.
»Nicht vor Pietro. Pietro ist sehr nett und aufmerksam. Ich weiß nicht, vor wem, wenn nicht vor mir«, sagte sie nachdenklich. »Es ist ein beunruhigendes Gefühl, Angst zu haben und nicht zu wissen, wovor. Aber was Cesare angetan wurde, ist nur der Anfang. Ich meine . . .« Sie brach ab.

»Das interessiert mich nicht«, sagte er hastig. »Ich fahre heute abend nach Rom zurück.«
»Ich würde gern mitkommen, wenn ich könnte. Vielleicht hätte ich dann keine Angst mehr.« Sie sah ihn mit großen Augen an und schien es ernst zu meinen.
»Also hören Sie zu. Wenn Sie etwas wissen, dann reden Sie, ohne sich dauernd im Kreis zu drehen.« Er wartete mit angehaltenem Atem. »Nun?«
»Sie irren sich«, sagte Patrizia, und es war, als ob zwischen ihnen eine schwere Tür ins Schloß gefallen wäre.
Sie fuhren durch zwei oder drei gewundene Einbahnstraßen und landeten auf der Piazza. In der Mitte war um einen Renaissancebrunnen mit Fischen und Tritonen, die Wasserstrahlen in die Luft spien, eine Gruppe junger Männer versammelt, die Patrizia frech anstarrten.
»Sie reden viel, aber Sie sagen wenig«, sagte Mario Aldara, um das Schweigen zu brechen.
Patrizia reckte den Oberkörper und lachte den Jungen zu, die sie feindselig ansahen. Sie trug keinen Büstenhalter, und die Brustwarzen zeichneten sich scharf unter dem dünnen Stoff ihrer Hemdbluse ab.
»Wenn Sie mit jemandem sprechen wollen, der Bescheid weiß, gehen Sie zu Dr. Moroni«, murmelte sie. »Sie waren alte Freunde.«
»Sie sind sehr gut informiert.«
Sie straffte noch einmal die Schultern, und ihre Brüste bewegten sich eindrucksvoll, als sie sich anschickte auszusteigen. »Sehen wir uns wieder?«
»Ich glaube nicht.« Die bloße Erwähnung von Moroni erfüllte ihn mit blinder Wut. Der Haß war noch nicht erloschen. »Ich benutze nur Nutten.«
»Gratuliere!« Se sah ihn einen Augenblick von außen durch das Fenster spöttisch an. »Das trifft sich gut. In dem Fach bin ich Meisterin«, sagte sie verächtlich und entfernte sich mit wiegenden Hüften, was sowohl ihm wie der Gruppe am Brunnen galt, ohne zu zögern und ohne sich zu beeilen. Sie drehte sich nicht mehr um, auch nicht an dem verfallenen mittelalterlichen Haus, hinter dessen Ecke sie verschwand.

An der Hauswand war eine Madonna mit Kind eingemeißelt, die Mario vor dreißig Jahren jeden Abend im Schlaf gequält hatte. Sie hatte ihn gereizt, denn obwohl sie das Kind nicht mehr stillte, hatte sie den Busen entblößt, süß und hochmütig wie ein schlechtes Mädchen, und hatte Begierden und Gewissensbisse in seine Seele geträufelt. Darunter versuchte sich eine flackernde gelbe Kerze im Licht der verschwommenen Dämmerung bemerkbar zu machen.

5

Wenn Patrizia irgendeinen anderen Namen genannt hätte, wäre Mario Aldara abgereist, aber Dr. Moroni reizte ihn, er versetzte ihn wieder in jene vertraute, schwankende Stimmung, in der er sich nicht entscheiden konnte zwischen zwei Impulsen, die gleich stark waren, aber entgegengesetzte Inhalte hatten.
Inzwischen trank er einen Kaffee, um die Zeit herumzubringen, denn es war drei Minuten vor sieben, und Moroni hatte von fünf bis sieben Sprechstunde. Er mußte also noch etwas Geduld haben.
Das Wiedersehen mit seiner alten Stadt, das in der Begegnung mit Viviana gipfelte, war glimpflich verlaufen, aufgebauscht nur vom Wind wie eine Welle auf hoher See. Im großen ganzen war es eine kaum merkliche Belastung, die aus vergessenen Gerüchen, unhörbaren Tönen und außersinnlichen Wahrnehmungen bestand. Aber in seinem Inneren wurde sie riesengroß und drohte ihn zu zerreißen.
Seine Schwäche lag in der Unfähigkeit, sich still zu verhalten und unter den Erinnerungen zu leiden. Endlich sammelte er Mut und stürzte sich kopfüber in das Abenteuer. Er ging zu Moronis Haus, lief die Treppe hinauf und drückte auf die Klingel, und dabei sagte er sich, daß er bestimmt nicht zu spät kam.
Eine nette alte Frau öffnete ihm. Sie hatte die glatten Haare im Nacken zu einem Knoten gebunden und trug ein handgewebtes Schultertuch aus Leinen. Sie führte ihn in einen kleinen Raum, der früher offenbar eine Küche gewesen war, denn man roch noch immer den Duft feiner Gewürze.
Die Einrichtung bestand aus einem Sofa und zwei mit Kunstleder

bezogenen Sesseln sowie einem Tisch aus Holz und Glas, auf dem ein Stapel zerlesener Frauenzeitschriften lag. An den Wänden die üblichen Drucke des besorgten Arztes im Kampf mit dem Tode am Bett eines jungen Mädchens und zwei Lithographien von Lord Lister und Pasteur.
Es war bekannt, daß Dr. Moroni immer gut verdient hatte. Mario fragte sich, ob er diese offen zur Schau gestellte Armut Verlusten beim Hunderennen verdankte, oder ob sie seine völlige Mißachtung gegenüber den Patienten ausdrückte. Wahrscheinlich enthielten beide Hypothesen einen wahren Kern.
Dem Sofa gegenüber war die Tür zum Sprechzimmer, aus dem drei Stimmen drangen, die alle sehr erregt klangen. Ein Kind jammerte leise; eine wütende Frau schrie laut, und ein Mann mischte sich ein, zornig, aber gedämpft. Es folgte ein plötzlicher Schrei des Kindes, der rasch unterdrückt wurde. Dann ein Gespräch zwischen dem Mann und der Frau, das sich etwa zehn Minuten lang hinzog.
Dann kamen Geräusche von Schritten, eine Tür wurde geöffnet, und durch einen Spalt an seiner Tür, die nicht ganz geschlossen war, konnte Aldara einen kurzen Blick auf ein Kind werfen, das sich widerstrebend am Arm fortziehen ließ und sich dabei die verweinten Augen wischte, und auf die Mutter, die mit gerunzelter Stirn und leiser, erregter Stimme auf es einschimpfte.
Als die kurze Szene vorüber war, drehte Aldara sich um und erblickte Dr. Moroni, der ihn von der anderen Schwelle aus mit gleichgültiger Neugier ansah. »Kommen Sie bitte herein«, sagte er einladend.
Er war groß und dürr. Die weißblonden Haare waren schütter. Er mußte fast siebzig sein, aber er sah um zehn Jahre jünger aus. Er hatte ein asketisches Gesicht, und die Finger waren gelb von Nikotin. Er nahm einen brennenden Zigarettenstummel von der Schreibtischkante und benutzte ihn, um eine neue anzuzünden. Dann tat er einen tiefen Lungenzug und sagte: »Sie sind nicht von hier, oder?«
»Ich bin von hier, aber seit zwanzig Jahren fort.«
»Waren Sie schon bei mir?«
»Nein.«
»Gut. Was haben Sie für Beschwerden?«

»Keine. Ich wollte Ihnen ein paar Fragen stellen über den Tod von Cesare Bonfigli.«
Die ungesunde Blässe, eine Folge des Lebens bei Nacht, verfärbte sich, und die grünlichen Augen schlossen sich mit einem raschen Zucken der Lider. Sehr langsam öffneten sie sich wieder.
»Ich habe gehört, daß Sie der erste waren, der die Leiche untersucht hat.«
»Wer sind Sie?«
Mario reichte ihm den Ausweis seiner Behörde. Dr. Moroni inspizierte ihn sorgfältig, prüfte Marios Unterschrift, den Dienststempel und das Ausstellungsdatum, dann blätterte er noch um, um mögliche Zusätze zu finden. Sein Blick blieb dabei völlig leer.
»Und weiter?« fragte er und gab den Ausweis zurück.
»Der Innenminister hat mich beauftragt, eine Untersuchung über den Tod von Bonfigli durchzuführen.«
»Warum wenden Sie sich nicht an die Carabinieri? Ich habe nichts damit zu tun.«
»Stimmt es nicht, daß Sie als erster die Leiche untersucht haben?«
»Zufällig. Ich kam gerade vorbei. Warum?«
»Was haben Sie als Todesursache festgestellt?«
»Springen Sie aus dem fünften Stock, und dann wiederholen Sie Ihre Frage«, sagte Moroni.
Weiter kam er nicht. Diese Bemerkung, die normalerweise zur Folge gehabt hätte, daß Aldara mit einem gezwungenen Lächeln auf den Lippen vergeblich nach einer passenden Antwort gesucht hätte, löste in dem Geisteszustand, in dem er sich befand, eine einmalige, geradezu magische Wirkung aus. Es war, als ob ein unsichtbares Messer ihn in zwei Teile teilte, und während der eine Teil als außenstehender Zuschauer die Szene betrachtete und all die höchst erstaunlichen Einzelheiten zur Kenntnis nahm, erhob sich der andere, plötzlich von allen Hemmungen befreit, vom Stuhl, drehte sich zum Schreibtisch, packte Moroni am Kragen und begann ihn zu ohrfeigen, rechts und links, rechts und links, rechts und links, mit aller Kraft, die er hatte.
Sein erster Teil, der abseits stand und alles genau beobachtete, erlebte in diesem für einen vernünftigen Menschen schrecklichen Skandal die Befreiung von einem uralten Druck, einen Durchbruch, der den Wahnsinn abstreifte.

Moroni leistete keinen Widerstand und versuchte nicht, sich zu schützen. Er ließ es zu, daß sein Kopf schlaff von rechts nach links kippte, die Arme hingen am Körper herab, und sein Gesicht drückte, zwischen den einzelnen Ohrfeigen, müde Geduld aus. Dann sagte er mit leiser Stimme:

»Hören Sie auf! Sie tun mir weh.« Als Mario ihn losließ, schüttelte er den Kopf wie ein Hund, der aus dem Wasser kommt, und erklärte ohne Haß: »Ich habe ein verletztes Trommelfell.« Er wischte sich mit dem Handrücken die blutigen Lippen und sah Aldara mit blankem Nichtverstehen an.

Die beiden Teile von Aldara hatten sich auf geheimnisvolle Weise wieder vereinigt. Er ließ sich in seinen Sessel fallen und wunderte sich über sein Mitleid. Sie hatten beide etwas gemeinsam, dachte er – den Geschmack der Niederlage auf der Zungenspitze.

Er reagierte zornig. »Das war es nicht, was ich von Ihnen hören wollte. Der Unfall von Bonfigli interessiert mich nicht. Es ist wegen dem, was Sie Viviana angetan haben, vor zwanzig Jahren.«

Moroni starrte ihn noch verständnisloser an.

»Sie war noch keine achtzehn Jahre alt und im sechsten Monat schwanger, aber Cesare Bonfigli hatte beschlossen, sie zu heiraten, und er wollte keinen Bastard in der Familie haben. Viviana hat drei Tage und drei Nächte nacheinander standgehalten, dann ist es ihren Eltern und Ihnen, Dr. Moroni, gelungen, sie zu überzeugen.«

Moroni betrachtete ihn mit einer Art von mildem Erstaunen. Er lächelte sogar.

»Mit fünf Monaten ist ein Fötus schon fast lebendig. Und es wäre meine Tochter geworden. Man hat mir gesagt, daß es ein Mädchen war.«

»Sie sind also . . .«, begann Moroni. Er zündete sich eine neue Zigarette an und betrachtete Aldara ausdruckslos.

»Sie haben meinen Ausweis gelesen. Meinen Namen. Aber das ist unwichtig. Wichtig ist nur, daß Sie ein verdammter Abtreiber sind.«

Moroni reckte die Schultern und stand mit großer Mühe auf, um sich in einer Ecke des Zimmers die Hände zu waschen. Jetzt sah man sein wirkliches Alter. »Es gibt nicht vieles, worauf ich stolz bin in meinem Leben, Signore, aber die Abtreibungen betrachte

ich alle als Pluspunkte für mich.«
»Sie sind ein Mörder.«
»Das ist vorbei, Signore. Das war einmal. Heute gelte ich als fortschrittlicher Arzt. Und sehr bald wird es ein Gesetz geben, das uns erlaubt, an die Öffentlichkeit zu treten.«
»Das Gesetz kommt nicht durch.«
»Vielleicht nicht sofort, aber früher oder später wird es praktiziert werden wie in allen zivilisierten Ländern. In wenigen Generationen werden Ärzte wie ich Spezialisten sein, wie heute schon die Fachärzte für Haut- und Geschlechtskrankheiten oder die Orthopäden. Es gibt zu viele Menschen, Signore. In unserem Land fünfundfünfzig Millionen. Können Sie sich vorstellen, wie unsere Situation wäre ohne die vielen Millionen von verbotenen Abtreibungen im Jahr?« Er brach ab und fügte bitter hinzu: »Danken Sie dem Himmel wegen Ihrer Tochter, Signore. Ich versichere Ihnen, daß Sie nichts verloren haben.«
»Sie haben jedenfalls gewonnen daran«, sagte Aldara und klammerte sich an die Reste seines Zorns. Aber was sollte er noch sagen? Er hatte über die Möglichkeiten einer Tochter nie nachgedacht. »Sie haben mit Ihrer Menschenfreundlichkeit sicher viele Millionen verdient!«
Moroni reckte die Schultern. Auf seinen gelblichen Wangen zeichneten sich mehrere violette Streifen ab. »Um das, was ich damit verdient habe . . .«, murmelte er und warf die brennende Zigarette auf den Boden.
Aldara hatte das Gefühl, daß er hier nichts mehr erreichen konnte, aber als er aufstehen wollte, lächelte Moroni zerstreut. »Sie wollen also wissen, wie Bonfigli gestorben ist.«
»Nein, das interessiert mich nicht«, erwiderte Aldara hastig. »Was ich wollte, habe ich getan . . .«
»Mehrere Knochenbrüche, dazu ein Schädelbruch mit Austritt der Gehirnmasse.«
»Amtlich war es ein Selbstmord.« Gut, er konnte mit gutem Gewissen die Segel setzen und in die Langeweile seines Büros und zu seinen zweiwöchentlichen Nutten zurückkehren.
Moroni sah ihn mit der ernsten Weisheit eines Mannes an, der sehr vieles falsch gemacht hat. »Das habe ich nicht gesagt. Ich habe die Autopsie nicht durchgeführt, aber meine Ansicht ist so

viel wert wie Ihre. Meiner Meinung nach war Bonfigli nicht bei Bewußtsein, als er stürzte. Er hatte an der linken Seite des Halses einen Bluterguß, der sich mit dem Aufprall auf den Boden nur schwer erklären läßt. Man könnte aber annehmen, daß jemand, der vor ihm stand, ihm mit der rechten Hand einen starken Schlag versetzt hat.«

»Also ein Mann.«

»Das muß nicht sein.« Die algengrauen Augen, die auf Aldara gerichtet waren, zeigten einen kleinen Funken Humor. Sie dachten beide an Viviana. »Man braucht nicht viel Kraft, um jemanden mit einem Schlag auf diese Stelle zu betäuben.« Er legte die Hand seitlich an den Hals. »Hier verläuft die Schlagader, die das Gehirn mit Sauerstoff versorgt. Es genügt eine Unterbrechung des Blutstroms für ganz kurze Zeit. Es könnte einer der elementaren Griffe von Karate oder Kung-Fu gewesen sein . . .«

»Ich verstehe. Wir haben es also mit einem Mörder aus China zu tun. Oder mit einem Arzt natürlich.«

»Warum nicht?« Er lachte und wurde immer fröhlicher. »Irgend jemand muß es getan haben. Auch Sie könnten es gewesen sein.«

»Können Sie einem Richter beweisen, daß Bonfigli bewußtlos war, als er stürzte?«

»Signore, in der Medizin kann man gar nichts beweisen. Es gibt nichts Unsichereres als ein medizinisches Gutachten. Man kann praktisch alles behaupten, was man will, und dann kann man das Gegenteil beweisen. In diesem Fall ist es vor allem eine Meinungsfrage.«

»Ausgezeichnet.«

»Aber . . .« Er hielt einen Augenblick inne und holte lächelnd zum letzten Schlag aus. »Aber Bonfigli wurde ermordet. Glauben Sie mir, es gibt keinen Zweifel.«

»Von einem Ringkämpfer oder von einem Arzt?«

»Wahrscheinlich von einer Frau«, sagte Moroni, ohne Aldara einen Augenblick aus den Augen zu lassen. Er hatte sich gerächt. »An der Leiche waren zwei ziemlich lange Haare. Das eine fand sich rätselhafterweise unter dem Ehering, das andere zwischen dem Hemdkragen und der Haut.«

Das bedeutet nichts, dachte Aldara. Es ist ganz unwichtig. »Das sieht fast nach Absicht aus, oder?« fragte er mit trockenen Lippen.

»Sicher, wenn Sie annehmen, daß es die einzigen beiden Haare waren. Aber man kann sich vorstellen, daß es ursprünglich viel mehr waren. Die Mörderin und ihr Opfer können sich beispielsweise gegenübergestanden haben. Die Frau führte den Schlag aus, und Bonfigli wehrte sich, oder was wahrscheinlicher ist, er kippte um und wurde bewußtlos, und dabei hielt er ihre Haare gepackt.«
»Welche Farbe hatten sie?«
»Dunkelbraun«, sagte der Arzt wie jemand, der seine Trumpfkarte ausspielt. »Natürlich ist es nicht leicht, den Farbton zu bestimmen, wenn man nur zwei Haare hat.«
»Wenn Ihre Theorie stimmt, müßte man in dem Zimmer, von dem aus der Sturz erfolgte, ein kleines Büschel Haare gefunden haben.«
»Gewiß. Ich habe Maresciallo Bradolin gefragt. Er hat als erster den Tatort untersucht.« Jetzt brach Moroni in ein wirkliches Lachen aus, das mit einem Husten endete. »Ich habe ihm die beiden Haare ausgehändigt, mit aller erforderlichen Sorgfalt . . .«
»Mir hat er nichts davon gesagt.«
»Wirklich? Sonderbar. Er ist so diensteifrig, der Maresciallo, wenn es darum geht, einen Hühnerdieb zu fangen. Ein bißchen weniger allerdings, wenn es sich um einen Bonfigli handelt. Ich habe ihn gut beobachtet, den Bradolin, er ist ein interessanter Typ.«
»Also eine Frau. Oder ein Langhaariger«, faßte Aldara zusammen.
»Lange Haare sind heutzutage nicht mehr ein weibliches Vorrecht.«
»Schon, schon.« Moroni schien unbeeindruckt. »Ein drogensüchtiger Hippie treibt sich dort herum, im fünften Stock, und er hat den Wunsch, jemanden zu ermorden. Da kommt ihm Bonfigli gerade recht. Diese Theorie ist allerdings nicht sehr originell, denn achtzig Prozent aller ungeklärten Verbrechen werden den Hippies zugeschrieben.«
Aber Viviana kann es nicht gewesen sein, dachte Mario Aldara und beschloß, seine Abreise zu verschieben.

»Ich fahre gleich nach Rom zurück«, murmelte Professor Morlacchi mit leiser Stimme. Diese Gewohnheit, Selbstgespräche zu führen, hatte er in der letzten Zeit seiner Ehe angenommen, um die Gefahr zu vermeiden, die Auseinandersetzungen mit Liliana

wieder anzufachen. Und obwohl er sich ein bißchen schämte, half es ihm doch, seine Gedanken zu klären.
»Was tue ich hier noch? Morgen früh muß ich in die Klinik, deshalb sollte ich besser in meinem Bett schlafen . . .«
Er machte eine Handbewegung. Die Kellnerin legte sie falsch aus, nickte und brachte ihm die Rechnung. Für einen Augenblick wurden die Sorgen des Professors durch eine dunkle Entrüstung verdrängt. Zwei Scheiben Schinken mit drei Feigen – halb gegessen –, ein Beefsteak mit schlecht gewürzten Bohnen und Obst, dreitausendsiebenhundert Lire. Er addierte es zu jener anderen Erpressersumme und fragte sich, wohin das führen sollte. Ab morgen würde er seine Honorare erhöhen, fünfunddreißigtausend in der Sprechstunde, vierzigtausend ein Hausbesuch, und keine Lira weniger. Warum sollten nur die anderen reich werden?
Die andere Erpresserszene wäre komisch genug gewesen, wenn nicht er das Geld hätte herausrücken müssen. Das Mädchen hatte nervös immer wieder über die Schulter geschaut, als ob sie verfolgt zu werden fürchtete, und hatte ihn auf einen Platz zwischen den Kastanien am Rande des Wohngebiets geführt, der mit unbeleuchteten Autos vollgestellt war. Sie hatte angefangen, sich ausführlich zu entschuldigen, sie war nicht der Typ, der gewisse Dinge tat, sie hatte nie eine Lira für nichts genommen, sie verdiente sich ihren Lebensunterhalt, er hatte gesehen wie, sie schuftete von früh bis spät, und sie war überzeugt, daß er mit dem Tod des armen Dr. Bonfigli nichts zu tun hatte. Man sah, daß er ein anständiger Mensch war, ein wirklicher Herr, der seine Hände ließ, wo sie hingehörten – Morlacchi fragte sich, ob das eine Aufforderung sein sollte –, obwohl sie ihn genau zwei Minuten nach dem Sturz des armen Dr. Bonfigli aus dem Tor hatte kommen sehen, und sie brauchte das Geld so nötig, wirklich.
»Wieviel?« unterbrach er sie.
Sie riß erschreckt die Augen auf, als ob die Frage sie völlig überrascht hätte, obwohl sie nur eine Antwort auf ihre Bemerkungen war. Sie drehte sich um und stieß einen kleinen Schrei aus. »Dort ist jemand«, murmelte sie.
Morlacchi fuhr herum. Ein Erpresser Nummer zwei war genau das, was ihm noch fehlte. Er sah einen Schatten, der sich eilig entfernte und zwischen den Bäumen verschwand. »Wer war das?«

»Ich weiß nicht«, flüsterte das Mädchen. »Ich habe ihn nicht sehen können, aber ich habe gehört . . .«
Aber natürlich, der Mann hatte das Nummernschild des Autos erkannt; der Maserati war nicht nur sehr auffällig, sondern er hatte auch ein Kennzeichen, das geradezu geschaffen war, die Blicke auf sich zu ziehen: Roma 24680. Seit zwei Tagen hatte Professor Morlacchi das Gefühl, nackt umherzuziehen.
Das Mädchen hatte zwanzig Millionen verlangt, und er hatte ihr zwei geboten. Darauf war sie völlig verzweifelt, sie fand das ungerecht. Zum erstenmal hatte sie einen erpreßbaren Mann in den Fingern, und dann mußte das ein Geizkragen sein. »Was sind heute zwei Millionen?« fragte sie. »So gut wie nichts.«
Morlacchi war sich heimlich bewußt, ein Geizkragen zu sein, aber er liebte es nicht, wenn man ihn so nannte, und zum Teufel, war das hier eine Erpressung oder eine Wohltätigkeitsveranstaltung? So begannen sie zu reden, und jeder versuchte dem anderen seine üble Lage zu erklären.
»Wenn Sie wüßten, was ich für ein Leben geführt habe«, sagte sie rührselig. »Ein einziger Roman, so lange ich denken kann. Als ich elf Jahre war, haben sie es mir zum erstenmal gegeben. Elf Jahre, stellen Sie sich vor . . .«
»Gegeben?« wiederholte Morlacchi verständnislos. »Ach ja, gegeben. Mit elf Jahren, guter Gott, das ist wirklich ein bißchen früh. Wer war es?«
Rosa verschloß sich sofort wie eine Auster. Sie machte eine unbestimmte Handbewegung. »Irgendeiner. Er hat mir Himmel und Erde versprochen. Was kann denn ein Kind von elf Jahren über solche Sachen wissen? Und dann hat er mir gar nichts gegeben, weder beim erstenmal noch später. Ein paar Geschenke, ein bißchen Geld für meinen Vater, der davon erfahren hatte. Und ich glaube, daß ich ihn heute noch ins Kittchen bringen könnte. Nein? Sie glauben es nicht?«
Morlacchi glaubte es schon, aber er fand den Streit überflüssig.
Und so, fuhr das Mädchen fort, brauchte sie unbedingt mindestens zwanzig Millionen, um ein neues Leben anzufangen.
»Fünf«, schlug Morlacchi vor. Das war das höchste, was er auftreiben konnte. Auch er hatte kein leichtes Leben. Der Fiskus preßte ihn aus wie eine Zitrone, die Jacht und der Bootsmann

kosteten ein Vermögen. Er bemerkte, daß sie bei jedem seiner Sätze die Augen verdrehte, und begriff, daß seine Beweisführung das Thema verfehlte. Hastig erhöhte er auf sechs, das Mädchen schlug fünfzehn vor, und sie einigten sich auf zehn.
Und das, überlegte Morlacchi, als er das Wechselgeld einsteckte, war das notwendige, wenn auch schmerzhafte Ergebnis. Auch wenn Rosa, wie das Gespräch zeigte, von Viviana nichts wußte. Sie hatte ihn nur zur falschen Zeit aus dem falschen Tor kommen sehen. Sie war also keine große Gefahr.
Kopfschüttelnd stand er auf und nahm mit einer verstohlenen Bewegung hundert von den zweihundertfünfzig Lire zurück, die er als Trinkgeld hingelegt hatte. Mit gespielter Gelassenheit ging er nach draußen und fühlte die Blicke der vier Kartenspieler, die als einzige zurückgeblieben waren, in seinem Rücken. Er wurde von einem Windstoß gepackt und ging rasch zu seinem Maserati. Neben dem Auto stand ein junger Carabiniere, blaß und blond. Er sah ihn an und lachte.
»Ein schöner Wagen«, sagte er.
»Ja«, erwiderte Morlacchi tonlos.
»Der muß leicht seine zweihundert in der Stunde machen.«
»Ja.«
»Sind Sie wirklich aus Rom?«
»Ja«, erwiderte er knapp.
»Wissen Sie, hier ist nämlich Parkverbot. Beim nächsten Mal fahren Sie ein Stück weiter, da ist ein Parkplatz.«
»Aber sicher – ja, gewiß – danke.«
»Bitte«, sagte der andere lachend, legte einen Finger grüßend an den Helm und half ihm mit nutzlosen, aber freundlich gemeinten Ratschlägen beim Rangieren. Morlacchi hatte das Gefühl, daß das Lenkrad schwamm, es rutschte ihm unter den Fingern. Er fuhr sehr langsam die Gasse entlang, dann nach rechts und noch einmal nach rechts, und ganz allmählich bekam er wieder Luft.
Die Begegnung mit Viviana hatte die Wolken nicht vertrieben, sie hatte im Gegenteil neue Schatten auf seinen Weg geworfen. Viviana schien wirklich erschüttert, als sie von den beiden Begegnungen zwischen Cesare und ihm erfuhr. Erschüttert, wie es ein Mensch mit Schilddrüsenunterfunktion sein kann, der starker Erregungen nicht fähig ist. Sie wußte nichts davon, daß Cesare

an einer Manie gelitten hatte, und schon gar nicht an einer manischen Depression. Und obwohl sie sich selten sahen, war es schwer vorstellbar, daß eine so auffallende Krankheit – sie fragte ihn nach den Symptomen und schüttelte beim Zuhören mehrmals den Kopf – nicht bemerkt wurde.
Die Anwesenheit von Morlacchi am Ort des Unfalls beunruhigte sie sehr. Vielleicht war es eine Dummheit, die öffentliche Meinung würde Schlimmeres unterstellen. »Bist du sicher, daß dich niemand gesehen hat?«
»Ich hoffe es«, hatte er geantwortet. Rosa zu erwähnen, erschien ihm in diesem Augenblick nicht sinnvoll.
»Ich hoffe es auch«, hatte sie zweifelnd erwidert. Sie wußte aus Erfahrung, daß man sich nicht am Ellbogen kratzen oder auch nur niesen konnte, ohne daß es in einer Stunde allgemein bekannt war. »Und wenn es Klatsch gibt, soll er sich austoben«, hatte sie mit einem leisen, geduldigen Lächeln gesagt.
War es möglich, fragte sich Morlacchi, daß sie sich der wirklichen Gefahr nicht bewußt war? Aber bevor er etwas sagen konnte, hatte sie ihn auf die Lippen geküßt, dann schob sie ihn mit einem sanften, anhaltenden Druck zur Couch und zwang ihn, sich hinzulegen.
»Hör zu«, sagte Morlacchi und riß seine Lippen von den ihren. »Glaubst du nicht, daß wir alles falsch machen?«
Viviana stützte sich auf den Ellbogen und starrte ihn an. Ihr dunkelgrauer Rock schob sich hoch und ließ ihre helle Haut sichtbar werden, statt sie zu bedecken. »Wieso? fragte sie mit einem Anflug von Härte.
»Ich spreche nicht von uns. Ich spreche von deinem Mann. Sind wir sicher, daß er Selbstmord begangen hat?«
»Du müßtest es am besten wissen. Du warst dabei.«
»Ich war nicht dabei, ich war im benachbarten Zimmer, bei verschlossener Tür. Wenn in dem Zimmer noch jemand gewesen sein sollte, hätte ich es nicht gemerkt.«
»Und wer hätte dort gewesen sein sollen?« fragte sie rasch und runzelte die Stirn, als ob sie hinter seinen Worten einen verborgenen Sinn suchte.
»Das frage ich dich. Ich habe ihn kaum gekannt. Gibt es jemanden, der ein Motiv gehabt haben könnte, ihn zu töten?«

Viviana riß die nußbraunen Augen auf und wurde noch blasser.
»Was sagst du da? Wer sollte das sein?«
»Das frage ich dich, guter Gott!« erwiderte Morlacchi mit erhobener Stimme.
»Ach was, niemand. Wenn etwas fehlen würde, könnte man an einen Einbrecher denken . . .«
»Und es fehlt nichts? Bist du sicher?«
»Soviel ich weiß, nein. Nur ein Verrückter . . .«
»Gibt es Verrückte in eurer Familie?« Unbewußt hatte er angefangen, ihr Bein unter dem Seidenstrumpf zu streicheln.
»In meiner nicht. Bei den Bonfiglis – auch nicht. Da ist Marcello. Er ist mongoloid, aber er könnte einer Fliege nichts zuleide tun, und außerdem wird er gut bewacht. Und dann – nein, hör zu, es ist schon schrecklich genug, wenn es ein Selbstmord war, warum sollen wir es mit einem Mord noch schlimmer machen?«
»Es scheint zwar wenig wahrscheinlich, daß ihn jemand umgebracht hat, aber es ist fast unmöglich, daß er Selbstmord begangen hat.« Obwohl ihre Beziehung schon mehr als zwei Jahre dauerte, verursachte die Berührung ihres Körpers immer noch eine Trübung seines Denkvermögens. »Hast du einen Verdacht?«
Viviana zögerte, reckte die Schultern, um die Ärmel nach unten rutschen zu lassen, und schüttelte den Kopf. »Nein.«
»Bist du sicher?«
Sie schwieg.
»Viviana!«
Sie lachte leise und sagte: »Möchtest du etwas trinken?«
»Komm, wir wollen beim Thema bleiben. Aber vielleicht einen kleinen Whisky.«
Viviana richtete sich auf, ließ den Rock nach unten gleiten und ging mit ihren weichen Bewegungen, sehr wirkungsvoll auf nackten Füßen, zu der kleinen Bar in der Ecke. Sie hatte eine wertvolle Eigenschaft, sie wußte ihre Schönheit gut zu »tragen«, ohne sie zu unterschätzen, aber auch ohne sie anzubieten wie die meisten schönen Frauen.
Als sie mit den Gläsern zurückkam, mit verrutschtem Büstenhalter und leicht zerzaustem Haar, sah sie ein bißchen wie eine Halbweltdame aus, und Morlacchi verlor völlig den Verstand.
Sie hatten den Whisky getrunken und sich dabei geliebt, mit viel

akrobatischen Künsten, und dann war Viviana verschwunden, mit Ringen unter den Augen hatte sie vergeblich versucht, statt des Lachens einen passenderen Ausdruck zu finden.
»Eine gelungene Veranstaltung«, sagte Morlacchi überzeugt und hielt mit dem Auto vor dem Hotel. »Ausgezeichnet.«
Aber jetzt wurde ihm klar, daß Viviana seinen Fragen ausgewichen war, und er konnte sich dem unerfreulichen Eindruck nicht entziehen, daß sie mit dem Tod ihres Mannes mehr zu tun hatte, als sie ihn glauben machen wollte. Und sie hatte ihm nicht gesagt – allerdings hatte er im richtigen Augenblick zu fragen vergessen –, aus welchem Grund sie ihn am Samstag nachmittag so rasch fortgeschickt hatte, genau zum richtigen Zeitpunkt, daß er Cesare treffen mußte.
Er entdeckte, daß er sehr wenig von ihr wußte. Bei ihren Begegnungen sprachen sie über alles, nur nicht über sich selbst. Wie alle Liebenden tauschten sie weniger Worte als Zärtlichkeiten und Küsse, Gesten und Späße aus. Morlacchi wußte sehr genau, wie sie auf das Kitzeln einer Zungenspitze hinter dem Ohrläppchen, aber nicht, wie sie auf die Versuchung, ein Verbrechen zu begehen, reagieren würde.
Öfter als einmal hatten sie davon gesprochen, wie schön es sein müßte, sich im Sonnenschein zu lieben und ein einfaches Leben zu führen, die trügerischen Träume, die alle Verliebten träumen, aber konnte ein solches Motiv Viviana zu einem Mord getrieben haben? Viviana mit dieser zufriedenen und unerschütterlichen Ergebenheit, die einen hervorstechenden Zug ihres Charakters ausmachte? Wohl kaum.
Er fragte sich, ob es wirklich einen Mörder gab und ob sie es gewesen sein könnte. Während er durch die Windschutzscheibe die Leuchtreklame des *Clementi* beobachtete, überlegte er, wie er reagiert haben würde, wenn er einen Beweis oder wenigstens die Vermutung gehabt hätte, daß Viviana eine Verbrecherin war. Ohne Erregung sagte er sich, daß alles unverändert geblieben wäre. Seine Liebe zu ihr, nicht wild und wenig strahlend, aber von eiserner Festigkeit, hätte nicht die kleinste Erschütterung erfahren. Denn die Gefühle, die wir dem anderen entgegenbringen, sind etwas Persönliches, und die übrigen Gefühle wirken mehr oder weniger unterstützend. Kein Verstand kann eine Lei-

denschaft verändern, eher beeinflußt und verändert die Leidenschaft den Verstand.
Bei diesem Gedanken stellte er fest – ein logischer Widerspruch –, daß jeder Verdacht gegen Viviana lächerlich war. Viviana war eine passive Frau, aber sie hatte die Fähigkeit, aus jeder Situation, so ungünstig sie auch war, das Bestmögliche zu machen. Und wegen dieser ihrer Fähigkeit hätte sie es nicht nötig gehabt, auch nur einen Finger zu rühren, um den Gang ihrer Geschichte zu ändern. Und doch war ihr Verhalten mehr als zweifelhaft. Wenn sie gesagt hätte, daß ihr Schweigen nötig war, um einen anderen zu decken . . .
Jetzt hatte Morlacchi das Gefühl, die Wahrheit berührt zu haben. Viviana kannte den Namen des Mörders und schützte ihn. Es gab keinen Zweifel, es paßt alles genau zu ihrem Charakter. Aber wer konnte er sein, dieser Mörder, der Viviana so nahestand?
Morlacchi fuhr auf und schlug mit der Faust auf das Lenkrad. »Verdammt!« explodierte er. »Anscheinend hat sie mich in Verdacht.«
Empört und erregt sprang er aus dem Auto, betrat das Hotel und ging am Empfang vorbei, während er leise über diese Verrückte schimpfte und laut zu der Alten hinter dem Tisch sagte, daß er leider sofort abreisen müßte.
Wortlos deutete die Clementi mit dem Kinn auf einen Anschlag an der Wand, auf dem die Gäste höflich gebeten wurden, ihre Zimmer bis Mittag zu räumen oder auch die folgende Nacht zu bezahlen.
»Sicher. Ich habe nicht daran gedacht, meine Rechnung nicht voll zu bezahlen«, sagte Morlacchi kühl, obwohl er es ein bißchen gehofft hatte, wenn auch ohne Überzeugung. »Aber machen Sie sie gleich fertig.«
Er ging in sein Zimmer, machte sich Vorwürfe, weil diese verspätete Entscheidung ihn viertausendfünfhundert Lire kostete, und warf Pyjama, Krimi und Schlafpillen in seine Reisetasche. Dann ging er vom Zimmer ins Bad.
In der vollen Wanne schwamm der Körper dieses Mädchens, jener Rosa. Dicht unter der Wasseroberfläche hatte sie den gleichen mürrischen Ausdruck wie vier Stunden vorher, als sie ihm von ihrem Pech berichtet hatte. Sie war bekleidet, aber es hatte

sich eine Luftblase gebildet, die den Rock aufblähte und ihre langen, sehr weißen Beine enthüllte, die zusammen mit dem roten Schlüpfer höchst unanständig wirkten.
Morlacchi, der schon Hunderte von Leichen gesehen hatte, war dem Tod noch nie so unvermittelt begegnet. Er fühlte, wie ihm Adrenalin ins Blut schoß, sich in seinem Körper ausbreitete und in den Nieren brannte.
Seine erste Reaktion war von verzweifelter Bitterkeit. »So habe ich zehn Millionen gespart«, sagte er leise. »Jedenfalls war ich einverstanden, ihre Forderung zu erfüllen. Möge sie einen sanften Tod gehabt haben . . .«
Dann brach die Wahrheit in seinem benommenen Verstand durch. Was ihm in den letzten beiden Tagen zugestoßen war, gehörte sicher nicht zu einem Scherz. Jemand zeigte noch immer mit verzweifelter Deutlichkeit auf ihn.

»Warum duzen wir uns nicht?« sagte Maresciallo Bradolin und hielt die Schüssel mit dem Reis alla Pescatora in den Händen. »Wir sind gewissermaßen Kollegen.«
»Natürlich. Warum nicht?«
»Also bediene dich und laß dich nicht bitten. Das ist mein Paradestück. Aber soll das ein Witz sein? Runter damit.« Er nutzte die Tatsache, daß Aldara, ein bißchen verlegen, immer noch mit dem Löffel spielte, um sein Glas noch einmal mit Negroni zu füllen.
»Halt, nein, genug. Ich bin es nicht gewöhnt«, wehrte Aldara ab. »Nimmst du keinen?«
»Ach nein. Das Zeug ist nichts für mich.« Er warf einen liebevollen Blick auf die Flasche Aquavit und schenkte sich einen guten Schluck ein. Er hob das Glas. »Auf den Mörder.«
Aldara hob rein mechanisch das seine und fragte sich, ob das ein Witz war.
Sie hatten über die Haare gesprochen, die an Cesares Leiche gefunden worden waren, offenbar nur aus Pflichtgefühl, denn anscheinend interessierte sich keiner von beiden für das Thema. Bradolin hatte ihm eine unwichtige Einzelheit verschwiegen (falls sie von Viviana stammten). Was bedeutete das? Daß zwei Haare der Ehefrau am Körper des Mannes hängengeblieben waren. Und weiter? Der Zeitpunkt der Begegnung stand nicht fest. Jedenfalls

hatte er sich den ganzen Nachmittag mit der Vorbereitung des Abendessens beschäftigt, und über das Verbrechen konnte man auch später reden.
Erwartungsvoll trank Bradolin sein Glas Aquavit halb leer und betrachtete die farblose Flüssigkeit gegen das Licht. »Der Schnaps ist rein. Mein Bruder brennt ihn, in Cadore. Ich erinnere mich an meine Kindheit, diese Kälte in den Dolomiten, und kein Ofen, weil es keinen Rauchabzug gab. Mein Vater wärmte sich mit Aquavit. Wie ist der Reis? Fehlt noch Salz?«
»Ausgezeichnet«, sagte Aldara, schon ein bißchen betrunken, mit vollem Mund.
»Warte auf den Hasen, was du dann erst sagen wirst. Kochen ist meine Leidenschaft. Eine sehr delikate und empfindsame Kunst. Und wenn man bedenkt, was dann daraus wird. Aber gerade deshalb macht es mir Spaß. Ist die Kochkunst nicht ein Symbol des menschlichen Schicksals?«
»Wieso?«
»Wir machen so viel Wind, haben Ambitionen, und dann kommt einer und zieht an der Kette.«
»Genau«, sagte Aldara, wischte sich die Lippen und wandte sich dem Negroni zu. Er fürchtete ihn immer weniger.
Die beiden Zimmer, deren Türen schamlos offenstanden, waren dunkel, aber sauber. Maresciallo Bradolin mußte gewisse weibliche Eigenschaften haben, die man ihm, wenn man ihn so sah, nicht zutraute. Die Wohnung machte den Eindruck einer kleinen Verkaufsausstellung für kleinbürgerliche Brautpaare. Das einzige, was einen gewissen Charakter hatte, war die Ecke mit den lieben Verstorbenen, ein Dutzend Fotografien, die schief eine über der anderen hingen. Und unter ihnen stand mit unsichtbarer Schrift: *Ohne Wert*. An der vorderen Wand hing für sich allein ein Ölbild mit einem Alpenjäger von etwa zwanzig Jahren, mit sanften Kuhaugen, und mit einer verblichenen Unterschrift, die etwas Tragisches aussagte.
Er war einen Augenblick abgelenkt gewesen, und Bradolin hatte die Gelegenheit benutzt, um einen weiteren Löffel Reis auf seinen Teller zu häufen.
»Nein, wirklich nicht mehr«, sagte Aldara erschreckt.
»Nimm, es ist der Rest.« Bradolin schluckte rasch die letzte Gabel

voll hinunter, stand auf und schob mit einem Unmutslaut den Stuhl zurück.
Das Telefon klingelte. »Ach, ist das lästig. Geh du hin, ich hole den Hasen.«
Die Stimme am Telefon war sehr leise, fast tonlos, vielleicht verändert durch ein Tuch vor dem Mund. Sie kam Aldara entfernt vertraut vor, aber er erkannte sie nicht.
»Hallo«, sagte die Stimme. »Ist dort Maresciallo Bradolin?«
»Was wollen Sie von ihm?«
Es folgte ein kurzes Schweigen. »Sind Sie es, Maresciallo?«
»Was wollen Sie von ihm?« wiederholte Aldara, aber dann hörte er das Klicken, als die Verbindung unterbrochen wurde. »Es wurde aufgelegt«, sagte er zu Bradolin, der die Platte mit dem Hasen wie eine Trophäe vor sich hertrug.
Der Maresciallo kniff die Augen ein wenig zusammen, dann ließ er sein ansteckendes, lautes Lachen ertönen. »Mann oder Frau?«
»Ich weiß nicht, die Stimme flüsterte.«
»Nun, dann wird es . . .« Das Telefon begann wieder zu läuten. »Laß nur, das mache ich.«
Er blickte angewidert auf den Apparat, dann nahm er den Hörer ab. »Hallo, ja . . . Ja, ich bin es. Wer spricht dort?« Mit gerunzelter Stirn lauschte er ein paar Minuten, dann sagte er: »Aber wer spricht dort? Hallo?« Er ließ den Hörer sinken. Zu Aldara sagte er: »Ein Freund, der es vorzieht, anonym zu bleiben. Er sagt, wenn ich im *Clementi* ins Zimmer neunzehn gehe, werde ich etwas sehr Interessantes finden. Oder um genauer zu sein, ins Bad von Zimmer neunzehn.«
»Neunzehn?«
»Neunzehn.«
»Ich habe Zimmer achtzehn.«
»Hast du deinen Nachbarn gesehen?«
»Nein.«
»Hast du eine Ahnung, wer er sein könnte?«
»Nein.«
»Zum Teufel!« sagte Bradolin leise, in den Anblick des Hasen vertieft. »Meiner Ansicht nach ist das einer von diesen verdammten Scherzen. Es macht ihnen Spaß, mich in Trab zu halten.«
»Hast du die Stimme erkannt?«

»Nein. Aber jetzt essen wir erst mal einen Happen, und dann schauen wir rüber.«
»Wäre es nicht besser, gleich hinzugehen?«
»Willst du, daß ich einen solchen Hasen einem anonymen Anruf opfere? Dann kennst du mich schlecht.«
Das war das Unglück, dachte Aldara und goß den Rest vom Negroni aus dem Shaker in sein Glas. Er begann sich wohl zu fühlen. Lachend deutete er mit dem Kinn auf das Telefon. »Glaubst du, daß es etwas mit Bonfigli zu tun hat?«
»Warum sollte es? Ich bekomme jeden Monat mindestens zwei solcher idiotischen Anrufe.«
Aldara dachte an Rosa und an den Fotoapparat für dreihunderttausend Lire, aber das Sprechen war ihm zu mühsam. Der Hase war ausgezeichnet, der Negroni floß hinunter wie Wasser, und das ganze Leben nahm eine ungewohnte rosarote Tönung an. Er hatte noch nie einen so sympathischen Menschen wie Bradolin getroffen.

In sehr heiterer Stimmung kamen sie beim *Clementi* an. Sie waren die steile Gasse, in der der Maresciallo wohnte, hinabgestiegen und hatten sich von dem heftigen Wind vorwärtsstoßen lassen, denn es war leichter, sich treiben zu lassen, als ihm zu widerstehen. Auf dem Weg hatten sie die schmutzigsten Theorien aufgestellt, was sie im Bad von Zimmer neunzehn finden würden, und als Bradolin meinte, »einen Haufen«, bogen sie sich in unkontrollierten Ausbrüchen von Gelächter.
Gestelzt traten sie ein. Mit amtlicher Miene streckte Bradolin den gewölbten Bauch und die, zugegeben, vornehme Nase vor, während Aldara, der hier nicht zuständig war, es vorzog, einen Gesichtsausdruck von finsterer Würde aufzusetzen, der allerdings immer wieder durch plötzliche kleine Lachanfälle gestört wurde.
»Verehrte Signora«, sagte Bradolin zu der alten Frau, die ihn mit aufgerissenen Augen anstarrte. »Es ist meine bedauerliche Pflicht, einen Blick in Ihr Gästebuch zu werfen.«
Das war eine schwierige Sache, weil die Clementi sich nicht überzeugen ließ, daß er es ernst meinte. Dann entdeckte Bradolin, daß die Eintragung bei Nummer neunzehn ausradiert und durch »Bia-

gio Passarotti mit Frau« ersetzt war, die nach Aussage der Alten gegen zehn Uhr abends eingetroffen waren. Aber wegen der Radierung hielt der Maresciallo eine längere Rede, in der er einräumte, daß es sich um einen einfachen Irrtum handeln könnte, denn er kannte die Signora Clementi gut genug, um zu wissen, daß sie sich nie auf zweideutige Machenschaften einlassen würde, um beispielsweise den Fiskus zu betrügen. Aber es war trotzdem seine bedauerliche Pflicht, die Aufmerksamkeit der Signora auf die Tatsache zu lenken, daß es niemals zulässig war, in einem Gästebuch Radierungen vorzunehmen. War es nicht so?

»So ist es«, bestätigte Aldara, der in einem Sessel lümmelte und mehrmals mit dem Kopf nickte.

Schließlich war der Maresciallo bereit, ein Auge zuzudrücken und den Fall nicht zu melden, wie es seine bedauerliche Pflicht gewesen wäre, wenn die Signora ihm die Gäste von Zimmer neunzehn vorstellen würde.

»Aber wie soll ich das machen?« fragte die Clementi mit einem gequälten Lachen. »Sie schlafen um diese Zeit.«

»Glaubst du?« fragte der Maresciallo zweifelnd und drehte sich zu Aldara um.

»Das hängt vom Alter ab«, meinte dieser sachverständig.

»Genau«, sagte der Maresciallo. »Wie alt sind sie?«

»Er ist Jahrgang zwölf, sie Jahrgang achtzehn«, sagte die Signora nach einem kurzen Blick ins Gästebuch.

»Dann schlafen sie«, bemerkte Mario.

»Dann wecken wir sie. Wollen Sie vorausgehen, Signora? Ich mache Sie darauf aufmerksam, daß Sie sich weigern können, da ich keinen richterlichen Durchsuchungsbefehl habe. Wenn Sie sich weigern, bin ich gezwungen, den Richter anzurufen, der mir einen Durchsuchungsbefehl geben kann oder nicht. Wenn er es nicht tut, ist die Nachtruhe Ihrer Gäste gesichert. Wenn er es aber tut, werde ich das Hotel von meinen Männern umstellen lassen, mit Scheinwerfern, Sirenen und Polizeihunden. Und die Sache mit der Radierung kommt heraus.«

»Die Verantwortung liegt bei Ihnen, Maresciallo«, sagte die Clementi und kam rasch hinter ihrem Pult hervor.

»Die Verantwortung«, erklärte Bradolin, »liegt bei diesem Mann, der mich angerufen hat.«

Das Ehepaar Passarotti – in Schlafanzügen, mit verängstigten Gesichtern wie auf frischer Tat ertappte Drogenhändler, die ihre Unschuld beteuern – stand den Behörden völlig zur Verfügung und wunderte sich sehr, daß im Bad etwas gesucht wurde, was die staatlichen Organe zu interessieren schien.
Die Badewanne, fast trocken, glänzte strahlend. In dem Zimmer war nichts Ungewöhnliches, wie vorausgesehen.
Die Signora Passarotti versuchte errötend, einen Schlüpfer und einen Büstenhalter zu verstecken, die sie zum Trocknen aufgehängt hatte, während Signor Passarotti schamhaft den Klosettdeckel schloß. Ungefragt erklärte er, daß sie auf dem Weg nach Rom waren, um ihre verheiratete Tochter zu besuchen, und sich, vom Nebel aufgehalten, entschlossen hatten, hier zu übernachten. Auch wegen der Fresken von Sodoma, die sie sonst nie zu sehen bekommen hätten.
Signora Clementi zuckte mißmutig die Achseln, und Bradolin gab Aldara ein Zeichen, daß es Zeit war, die Störung zu beenden. Aber als sie draußen auf dem verlassenen, vom Wind gepeitschten Platz standen, ohne einen Gegner zum Verhör, war ihnen der Spaß vergangen.
»Was tun wir jetzt?« fragte Bradolin. »Gehen wir zu mir? Ich habe noch ein paar Flaschen alten Merlot . . .«
Aldara sah zum fünften Stock der Barockvilla empor. Er versuchte sich vorzustellen, was Cesare Bonfigli – falls er noch gelebt hatte – in den zwei oder drei Sekunden des Sturzes empfunden hatte. Wahrscheinlich hatte er sich einsam gefühlt, ohne Begleitung auf seiner Reise. Für ihn bestand das Problem nicht, dachte er und merkte, daß ihm Tränen in die Augen stiegen. Die fröhliche Stimmung verschwand, und an ihre Stelle trat Melancholie.
»Machen sie oft solche Scherze mit dir?« fragte er mit unsicherer Stimme.
»Von Zeit zu Zeit. Der Tod von Bonfigli hat natürlich die Phantasie der Verrückten entfesselt. Das ist mein Beruf«, schloß er düster. Mit einem geschickten Tritt schleuderte er einen Pflasterstein gegen einen Mülleimer aus Plastik. »Anzeigen aufsetzen, Gesetzesübertretungen feststellen, Betrunkene verhaften und anonymen Anrufen nachlaufen.«
Aldara lehnte sich an eine Mauer, seine Beine waren nicht mehr

sicher. Zum Ausgleich wurde sein Kopf immer klarer, sein Verstand war durch den Alkohol geschärft, und er fühlte sich wunderbar befreit von allen Hemmnissen seines Charakters.
»Wenn dir eine schöne, geheimnisvolle Mörderin unter die Finger käme«, sagte er nachdenklich, »die Aufsehen erregt, würdest du sie laufenlassen, oder?«
Die vornehm geschwungene Nase und die graublauen Augen drehten sich ruckartig zu ihm. »Du bist kein bißchen verrückt«, sagte der Maresciallo. »Auf den ersten Blick könntest du so wirken, weil du einen Haufen Komplexe hast, aber du bist alles andere als verrückt.«
»Danke.«
»Ich habe das sofort gemerkt, als du in mein Büro kamst. Sei vorsichtig, dachte ich. Dieser Mann, der wie ein Idiot wirkt, ist in Wirklichkeit gar keiner. Das Reden liegt dir nicht so sehr, aber das Denken.«
»Sehr freundlich.«
»Und du bist auf die Idee gekommen, daß ich mich nur deshalb nicht rühre, weil ich weiß, wer der Schuldige ist.«
»Der Schuldige?« fragte Aldara. »Im Maskulinum?«
Der andere stieß ein kurzes, rauhes Lachen aus und wurde plötzlich ernst. »Versuch mich nicht in einer solchen Falle zu fangen. Ich glaube zu wissen, wer der Schuldige ist, aber einerseits habe ich keine Eile, dem Gericht einen Schuldigen zu übergeben, und andererseits gefällt er mir.«
»Wer?«
»Der Schuldige.«
»Ein Homosexueller?« fragte Aldara entsetzt.
Bradolin verhielt sich anders als vorher. Er sah ihn mit seinen strengen, furchterregenden Augen an, dann lachte er. »Schon wieder eine Falle. Liegt dir wirklich so viel daran zu wissen, wer Bonfigli getötet hat?«
Aldara dachte darüber nach und sagte: »Nein.« Im Gegenteil, er hatte Angst davor, daß der andere, in die Enge getrieben, zu viel sagen könnte.
Der Maresciallo schob ihm die Hand unter den Arm und zog ihn die steile Straße hinauf. »Jetzt erkläre ich dir, warum es mir nicht eilt, den Mörder zu entlarven.« Aber für einige Minuten sagte er

nichts.
Aldara ging der Atem aus, und nach Luft schnappend dachte er, daß er wirklich ein bißchen Sport treiben müßte. Sie wurden von einem warmen Windstoß gepackt. Instinktiv wandte Aldara den Kopf zu Bradolin und sah erschreckt, daß dieser feuchte Augen hatte.
»Paß auf. Die Geschichte liegt sieben Jahre zurück. Beim Posten der Carabinieri in einem kleinen Nest bei Meran kam ein anonymer Anruf an, wie der von heute abend, und sagte, wenn sie ein altes Auto wiederfinden wollten, das verschwunden war, sollten sie zu einem bestimmten Ort draußen auf dem Land gehen. Sie fuhren hin, fanden das Auto, und als sie die Motorhaube öffneten, explodierte der Wagen unter ihren Händen. Ein Toter, aber der andere war schlimmer dran, er verlor beide Arme und ein Bein. Er hat nicht einmal Anspruch auf einen Grabstein. Ein paar Wochen lang große Aufregung, dann schickte man ihn in eine Art Heim, mit einer Pension, die ich nicht nennen will, weil sie zu lächerlich ist. Er ist mein Sohn, jetzt ist er zweiunddreißig. Er malt Bilder mit dem Fuß, aber er wird nie ein Raffael.«
Der Alpenjäger mit den Kuhaugen, dachte Aldara. »Das ist ja furchtbar«, sagte er.
»Warte, jetzt kommt das Beste. Den Verantwortlichen für diesen Anschlag kannten alle im Land. Er ist ein Weinbauer, Österreicher und Irredentist. Hör dir das schöne Wort an, ›Irredentist‹, laß es auf der Zunge zergehen. Er hat sich sogar bei einem Freund der Tat gerühmt, aber er muß doch nicht so sehr sein Freund gewesen sein, denn der hat die Sache verbreitet. Schließlich merkte der Weinbauer, daß dicke Luft war, und setzte sich nach Österreich ab. Sie griffen ihn bald auf und verweigerten die Auslieferung. Ein politisches Verbrechen, verstehst du? Sie wollten ihn selbst vor Gericht stellen. Weißt du, wieviel er gekriegt hat?«
»Ich glaube mich da an etwas zu erinnern . . .«
»Drei Monate. Drei Monate für heimlichen Grenzübertritt. Denn im Grunde ist er ein Held.« Auf halber Höhe blieb Bradolin atemlos stehen. »Kannst du mir also sagen, warum wir den Verbrechern nachlaufen sollen? Sie sind alle Helden, sie stehlen, rauben, entführen und morden für die gute Sache. Für irgendeine gute Sache, das ist nicht wichtig, eine gute Sache findet sich immer.

Und weißt du, was daraus entsteht? Wenn man einen Verbrecher ins Gefängnis steckt, irgendeinen, hat man eine politische Strafe verhängt. Gut, ich pfeife drauf. Aber wenn mir jetzt ein echter Verbrecher in die Hände fällt, der etwas getan hat, was nur ihn angeht, seinen Ehepartner umgebracht zum Beispiel, und der für die anderen keine Bedrohung mehr ist, soll ich den einsperren? Ich? Sind wir denn verrückt? In zwei Jahren gehe ich in Pension und kümmere mich um meinen Gemüsegarten. Ich werde die Wände mit Bildern tapezieren, die mit dem Fuß gemalt sind.« Er lachte; dann hielt er sich die Hand vor die Augen und sagte, das sei der Wind.

Sie waren vor seinem Haus angekommen. In schweigendem Einverständnis setzten sie sich gemeinsam auf die zerbröckelte Begrenzungsmauer und holten tief Luft. Da oben wehte ein starker Wind. Eine schwarze Wolke bedeckte den Mond, wie ein außergalaktischer Zeppelin. Nach einigen Minuten siegte der Mond, und die silbernen Fransen der Wolken verloren ihre scharfen Konturen. Dann verschwand auch der Mond, und mit ihm verflogen alle Lichtkontraste aus der Welt, von den Wänden des Hauses und vom Pflaster zu ihren Füßen. Alles wurde flach und blaß.

An die Stelle der betrunkenen Fröhlichkeit von vorhin trat eine unendlich dumpfe Traurigkeit. Auch Aldara hätte gern geweint, und er fand es ungerecht, daß er keinen Vorwand hatte.

Er war zwiespältig, einerseits immer noch unter dem Einfluß des Alkohols, aber auch schon Beobachter einer gewissen Erleuchtung, denn er war sich klar darüber, daß diese ernsten Fragen, die jeder Mann im mittleren Alter auch nur zu formulieren sich schämen würde, die einzigen waren, die zählten, denn sie hatten die bittere Tiefe der Entdeckungen der Jugend und regten noch immer die Drüsen an. Und wenn man die Gewißheit gewonnen hatte, daß es keine Antwort gab, begann man, das ganze Leben hindurch, nach jener winzigen Wahrheit zu suchen, nach einzelnen Nadelstichen im Gewebe des Geheimnisses, bis man sich endlich mit ihm abfand.

»Ein schönes moralisches Alibi«, sagte er plötzlich. »Überzeugend. Und pathetisch.«

»Was willst du damit sagen?« Auch Bradolin war traurig.

»Du bist in Viviana verliebt«, sagte er kühl. »Und du hast nicht den Mut, es dir einzugestehen. Du versuchst, sie zu beschützen, weil du überzeugt bist, daß sie schuldig ist. Du hast die beiden Haare verschwinden lassen.«
Plötzlich blitzte vor Aldaras Augen die Wahrheit auf. Sie ließ sich durch nichts beweisen, aber sie war so klar wie alle die kleinen echten Wahrheiten.
Bradolin nickte bei jedem Satz rhythmisch mit dem Kopf, als ob er sich einem inneren Kontrapunkt anpaßte. »Wie sich jemand im Roman in die Heldin verliebt, oder wie ein Duft in der Luft, oder ein Reflex auf dem Wasser.« Der abklingende Rausch stimmte auch Bradolin lyrisch. »Was blieb mir anderes übrig, in meinem Alter, verwitwet, allein in dieser Stadt, die ich nicht kenne? Ich kenne die Leute, die hier wohnen, aber die Stadt in ihrem Wesen, nein, das ist etwas anderes. Sie leitet einen Wohltätigkeitsverein und kommt zwei oder dreimal in der Woche direkt an meinem Büro vorbei. Ich versuche am Fenster zu sein, um sie zu sehen. Wenn ich kann, gehe ich nach unten, um einen Kaffee zu trinken. Einmal hat sie mich auf der Straße angestoßen und gesagt: ›Ach, entschuldigen Sie . . .‹. Das alles ist nicht ungewöhnlich. Hier sind alle verliebt in sie. Auch du. Aber du bist überzeugt, daß sie unschuldig ist, und willst sie in die Sache hineinziehen, um dich zu rächen. Ich habe gehört, daß es eine alte Geschichte über euch beide gibt. Du hast sie sicher nicht vergessen.«
Die Klarsichtigkeit ist nicht auf mich beschränkt, dachte Aldara in einem Wirbel von Gefühlen, die schwer zu verdrängen waren. »Hör zu«, sagte er. »Ich schwöre dir, daß ich nichts weiß.« Er nahm Bradolin am Arm und zwang ihn aufzustehen. »Wir gehen noch einmal zum *Clementi.*«
Schweigend begannen sie die Gasse hinunterzusteigen. Dann gab auch Aldara einen Bericht. »Wir mußten eigentlich heiraten, es war eine Frage von Wochen. Sie war seit mehr als fünf Monaten schwanger, und ich war in Rom zu einer Prüfung. Als ich zurückkam, war Viviana nicht mehr schwanger, und sie war mit Cesare Bonfigli verlobt. Draußen im Campo hat sie es mir weinend erzählt. Sie war für eine Stunde von zu Haus fortgelaufen, sie wurde überwacht, und ich durfte mich nicht sehen lassen. Sie wollte es nicht tun. Sie haben sie mit einem ganz einfachen

System gezwungen, indem sie sie drei Tage und drei Nächte nacheinander pausenlos mit Ratschlägen und Vernunftgründen bombardierten. Sie lösten sich ab, Vater, Mutter, Brüder, Onkel und Tanten, es war eine Art dritter Grad. Cesare war zu schlau, um sie direkt zu kaufen. Er kaufte statt dessen die Familie – und Dr. Moroni.«

»Das ist zwanzig Jahre her«, sagte Bradolin kühl.

»Nein. Für mich ist es gestern gewesen, für mich ist die Zeit stehengeblieben. Es war, wie wenn man mit dem Kopf gegen die Wand rennt und dabei den Verstand verliert. Ich hatte das Stipendium bekommen, aber bei dem Gedanken an Kanada wurde mir schlecht, und ich ließ es sausen. Drei Monate hielt ich mich still und wartete auf ein Geräusch, das von ihr sein konnte, ein Anruf, ein Klopfen an der Tür, ein Telegrammbote. Drei Monate tat ich nichts, ich dachte nichts, nur an Viviana. Und das nicht aus Treue; ich wußte nicht, was ich sonst tun sollte. Vom Essen wurde mir schlecht, vom Spazierengehen wurde mir schlecht, ich ging aufs Klo, zog mich morgens an und abends wieder aus – alles nur, weil es mich ablenkte. Manchmal ist es nicht schwer, sein Unglück zu lieben. Weißt du, was ich dann gemacht habe?«

»Was?«

Warum erzähle ich ihm das alles? Ich bin doch nicht mehr betrunken. »Ich habe entdeckt, daß ich, um weiterleben zu können, mich überzeugen mußte, daß alles nicht wichtig war. Ich sagte mir: Das ist es nicht, was zählt. Was zählt, liegt außerhalb von uns, sehr weit weg . . .« Er brach ab. Sie waren unten angekommen. Halb verborgen in einer Gasse neben dem *Clementi* war schattenhaft ein Motorrad zu sehen. Ein verzerrter Schatten, riesenhaft, mit einer kaum erkennbaren menschlichen Gestalt auf dem Sattel. Aldara nahm es unbewußt zur Kenntnis.

»Gut«, schloß er. »Es ist mir gelungen, aber es war übertrieben. Für mich zählt nichts mehr, alles ist weit weg. Hast du die Idee begriffen?«

»Aber du bist hierhergekommen, weil Viviana in die Sache verwickelt ist. Ja oder nein?«

»Ich weiß nicht. Ich glaube ja.«

»Und was willst du mit Viviana tun? Ihr helfen oder sie bestrafen?«

»Das weiß ich nicht. Aber, Bradolin, du machst den größten Fehler deiner Laufbahn. Viviana könnte keinen Wurm töten. Aus Ekel, aus Angst oder Trägheit, aber sie könnte es nicht.«
»Cesare Bonfigli war kein Wurm. Begleitest du mich wieder nach oben?«
»Warte. Du bist in ein Phantasiegebilde verliebt, aber ich kenne sie.«
»Du? Du hast sie vor zwanzig Jahren gekannt«, sagte Bradolin seufzend. Plötzlich schlug er ihm lachend auf die Schulter. »Aber sei beruhigt. Hier wird ihr niemand etwas tun. Auch du nicht. Das verspricht dir Bradolin.«
»Du machst einen Fehler. Wenn du Viviana deckst, die nichts damit zu tun hat, wirst du den wirklichen Mörder nie finden.«
»Komm wieder nach oben mit mir, dann sprechen wir über den wirklichen Mörder.«
»Nein, danke, ich bin müde«, erwiderte Aldara und starrte auf den Schatten in der Gasse.
»Hast du noch nicht begriffen, daß der Liebhaber von Viviana der Mörder ist?«
»Viviana kann keinen Liebhaber haben. Als ich sie verließ, an jenem Abend auf dem Campo, haben wir uns geschworen, daß keiner von uns sich jemals wieder verlieben wird.«
»Eine gute Idee«, sagte Bradolin freundlich, aber es klang fast ein bißchen neidisch. »Es ist ihnen gelungen, sich gut zu tarnen, aber trotzdem wissen es alle. Ich verscherze mir meine Karriere, aber wen kümmert das? Ich alter Dummkopf quäle mich weiter herum, während sie sich mit dem Mörder amüsiert.«
»Du irrst dich. Wenn der Mann, der aus dem Tor kam, der Liebhaber von Viviana war, warum haben sie ihn dann fotografiert? Wie konnten sie im voraus wissen, was er tun würde?«
»Halt. Wer hat ihn fotografiert?«
»Rosa. Ein Zimmermädchen im *Clementi.*«
»Wer hat dir das gesagt?« Bradolin hörte Aldaras Bericht nicht ohne Überraschung an, aber offensichtlich brachte ihn der Name des Mädchens nicht auf neue Gedanken.
»Ach, Rosa! Aus eigenem Antrieb hätte sie das nicht getan, aber es könnte jemand hinter ihr stecken. Sie hat mit zwölf Jahren angefangen«, erklärte er.

Sie auch! Hier häuften sich die zwölfjährigen Nutten. Rosa, Patrizia, das Mädchen aus der Praxis von Moroni. Das war bemerkenswert. Aber uninteressiert setzte Aldara die Information in Klammern und fügte sie, ohne sich mit ihr zu befassen, den wertlosen Erkenntnissen bei.
»*Ciao*«, sagte Bradolin gereizt. »Wenn du nicht mitkommst, sehen wir uns morgen.«
»Nein, ich fahre morgen früh ab. Vielen Dank für die Einladung.«
Aldara sah Bradolin auf der steilen Straße verschwinden. Und allmählich verklang das Echo seiner schweren Schritte. Der außergalaktische Zeppelin hatte seine Reise fortgesetzt, der Mond schien wieder und entfesselte von neuem das Spiel der Schatten auf der Piazza.
Patrizia verließ ihr Versteck und kam auf ihn zu. Sie hatte keinen Helm auf, und die Haare fielen ihr ordentlich gekämmt auf die Schultern. Sie trug eine keusche Hemdbluse und eine Art Zöglingsrock.
»Seit einer Stunde warte ich«, sagte sie mit leisem Tadel. »Ich möchte mit Ihnen sprechen.«

»Ich wollte Ihnen sagen«, erklärte sie, als sie an beiden Seiten seines Autos standen und sich über das Dach hinweg ansahen, »daß ich nicht so bin, wie ich Ihnen heute erschien. Ich bin anders. Nicht völlig anders, aber trotzdem anders. Ich bin nicht nur damit beschäftigt, andere Leute zu täuschen.«
»Sicher.« Er fragte sich, warum sie ihn so sehr an Viviana erinnerte. Die beiden hatten nichts Gemeinsames, nur die Haare vielleicht.
»Heute versuche ich mich wie ein Mädchen mit Urteilsvermögen und klaren Vorstellungen zu benehmen. Wenn ich darüber nachdenke, scheint mir, daß ich Ihnen den gegenteiligen Eindruck vermittelt habe. Tatsache ist, daß ich schüchtern bin und mich zu diesem Verhalten zwinge. Ich übertreibe immer. Und ich möchte unbedingt etwas sein.«
»Was?« fragte Aldara mechanisch. Er griff zum Lenkrad und fuhr den Wagen auf die Mitte des Platzes, weil er nicht wußte, wohin er sonst fahren sollte.

»Etwas sein«, erklärte Patrizia ernst, »bedeutet einen Sinn haben, eine Aufgabe. Jemand sein ist etwas anderes. Das heißt, ein Etikett haben, das einen schützt. Es kann einem dieses oder jenes zustoßen. Aber in jedem Fall hat man einen Sinn. Ich glaube, dieses Problem gibt es immer, aber heute mehr als sonst. Ich habe mich mit dreizehn Jahren entschieden.«
Sie nahmen ihn alle als Beichtvater. Ein Mann, der versteht, warum es so gekommen ist, und der morgen verschwindet und alle Geständnisse mit sich nimmt. Die Rolle gefiel ihm nicht, aber er konnte eine Frage nicht unterdrücken. »Warum mit dreizehn Jahren?«
»Wegen dessen, was man mir angetan hat.«
»Darf ich wissen, wer es war?«
Sie antwortete nicht gleich. Dann sagte sie rasch: »Irgendeiner.«
Sie waren weitergefahren und in ein System von engen und gewundenen Einbahnstraßen geraten. Unversehens landeten sie wieder beim *Clementi*.
»Also«, sagte Aldara verwundert. »Wohin fahren wir jetzt?«
»Zum Campo. Ist Ihnen das recht?«
Er wußte nicht, ob es ihm recht war. Im Campo hatte sich seine ganze Geschichte mit Viviana abgespielt, von der ersten Begegnung bis zum letzten Abschied. Er war seitdem nicht mehr dagewesen.
»Nach dieser Sache mit dreizehn Jahren«, sagte Patrizia und zündete sich mit den ungeschickten Bewegungen einer Anfängerin ein Zigarillo an, »war es der logischste Schritt, eine Hure zu werden. Richtiger ein Straßenmädchen, die Straßenmädchen bilden eine eigene Klasse. Aber es gelang mir nicht. Wirklich. Ich hatte keinen Erfolg, so sehr ich mich auch anstrengte.«
»In zwei Jahren werden Sie eine große Schauspielerin sein.«
Sie schüttelte den Kopf, völlig ernst, und sprach leise weiter. »Ich habe die Orientierung verloren, und bei dem Versuch herauszukommen verirre ich mich immer mehr. Ich hatte schon daran gedacht, Pflegerin zu werden, aber das ist nicht mehr modern. Und so habe ich an Sie gedacht und habe Sie beneidet.«
»An mich?« fragte er fast entrüstet.
»Sie passen irgendwie, verstehen Sie?«
»In die Klasse der . . .«

»Es gibt immer eine Klasse, oder?« unterbrach sie ihn. »Ich habe auf Sie gewartet, wie man auf ein bißchen Licht wartet. Wenn man unter dem Kanaldeckel sitzt. Ihre Treue gegenüber einem Mythos schien mir so wahnsinnig verrückt und so wahnsinnig schön, daß ich es nicht verstand. Ich wollte es nicht glauben.«
Vor zwanzig Jahren war der Campo eine offene Landschaft zu beiden Seiten der Straße gewesen. Jetzt wurde er schon von den Ausläufern der Vorstadt berührt, aber der Lärm war noch nicht bis hierher gedrungen. Wenn Aldara die Ohren gespitzt hätte, so hätte er noch die letzten Sätze von Viviana hören können, leise und erstickt von Tränen. Aber nicht mehr lange. Die frisch verputzten Häuser schienen das Land zu erstürmen, und in Kürze würden die Kastanien gefällt, die Gräser untergepflügt und die Kapelle geschlossen werden. Er fragte sich, ob auf einem kleinen Fleck noch etwas von jenem staunenden Schauder geblieben war, der ihn völlig eingehüllt hatte und zwanghaft immer noch im eisigen Griff hielt. Niemand würde es merken, wenn der Fleck in Mauern verschwinden oder zwischen Zwiebeln und Tomaten ersticken würde. Er kam genau an dem Punkt vorbei – er erkannte ihn sofort, es hatte sich nichts verändert –, fuhr weiter und hielt neben der Hecke.
Auf dem Gras zwischen den Bäumen standen etwa ein Dutzend Autos, wie immer. Sie wirkten verlassen, aber die Scheinwerfer eines auf der Landstraße fahrenden Wagens zerstörten diesen Eindruck, denn sie zeichneten zwei Schattenrisse auf die Scheiben jedes Autos, die die sonderbarsten Stellungen einnahmen. Dann verschwand der Wagen in der Dunkelheit, und das Bild wandelte sich. Eine nächtliche Grille zirpte und vertiefte dadurch in gewisser Weise noch die Stille.
Ich bin verrückt, dachte Aldara und wandte sich schaudernd an das Mädchen. »Warum haben Sie mich gesucht, was wollen Sie von mir?«
»Das.« Sie legte ihm den Arm um den Hals und begann ihn zu küssen. Ohne Hast und ohne Unsicherheit. Ihre Lippen waren kühl, aber weich und wohltuend.
Aldara war völlig überrascht und ließ sie einen Augenblick gewähren. Dann gehorchte er einem unbewußten Reflex und drückte sie an sich. Er begann Geschmack daran zu finden, und

gleichzeitig erschrak er.
Seit zwanzig Jahren hatte ihn keine Frau geküßt, ohne daß sie sich vorher über den Preis geeinigt hatten. Vielleicht wären einige bereit gewesen, aber dann hatte er jedesmal die Verbindung abgebrochen. Jetzt aber, völlig überraschend, hatte er keinerlei Verlangen, dieses zweifellos gefährliche Mädchen zurückzuweisen. Die bittere Weisheit in seinem Inneren brach zusammen und ließ ihn atemlos zurück.
»Mmmm . . .«, murmelte Patrizia, brachte einen halben Millimeter Abstand zwischen ihre Lippen und preßte ihn an sich.
Einen Augenblick, ich muß nachdenken, sagte sich Aldara und versuchte sich zurückzuziehen, aber sie folgte seiner Bewegung und ließ sich auf ihn fallen, und dabei schlug sie mit dem Kopf gegen das Lenkrad. Sie lachte verlegen und streichelte die getroffene Stelle.
»Als ich dir sagte, ich nehme nur Nutten, war das kein Witz. Es ist die Wahrheit.«
»Warum?«
»Ich vertraue ihnen. Im schlimmsten Fall stehlen sie mir nur mein Geld.«
»Weil du nur mit Geld bezahlen kannst.«
»Genau das.«
»Wegen der Sache, die vor zwanzig Jahren zwischen dir und Viviana war.«
»Wenn du willst.«
»Wem willst du das weismachen?«
»Ich habe noch nie jemanden gebeten . . .«, begann er hitzig.
Patrizia unterbrach ihn verbittert mit gedämpfter Stimme. »Viviana ist ein schöner Vorwand, um alles hinzuwerfen. Jedesmal wenn du dich in irgendeiner Sache nicht festlegen willst, war es Viviana, die . . .«
»Ich glaube nicht, daß ein Mädchen von neunzehn Jahren verstehen kann . . .«, begann er und hatte das Gefühl, das Gleichgewicht zu verlieren.
»Halt den Mund, Dummkopf«, sagte sie zärtlich und drängte sich an ihn.
Ihre Bewegungen und ihre leisen Worte, die alles andere als züchtig waren, hatten etwas sonderbar Mütterliches. Aldara war ver-

wirrt, aber nicht erregt, und dachte – jetzt werde ich es ihr zeigen.
Er drehte sich um und schob die Hand, die sich etwas steif anfühlte wie nach einer langen Bewegungslosigkeit, unter ihre Bluse. Patrizia kitzelte mit ihren spitzen Fingernägeln seinen Hals und schnurrte dazu wie eine zufriedene Katze. Ihre Brüste waren weich und glatt, die Warzen hart und aggressiv.
Jetzt werde ich es ihr zeigen, sagte er sich wieder, aber im gleichen Augenblick fühlte er, wie sie erstarrte und sich zurückzog.
»Wir werden beobachtet«, flüsterte sie ihm ins Ohr.
»Von wem?«
»Ich erkenne ihn nicht, er ist hinter deinem Fenster.«
Aldara drehte sich wie zufällig langsam um, gerade rechtzeitig, um den Schatten eines Mannes zu sehen, der sich rasch bückte und mit der Behutsamkeit eines Indianers auf allen vieren zu entkommen suchte. Plötzlich warf er sich hin und verschwand im Gestrüpp eines Grabens.
»Wer könnte das sein?« Aldara sah das Mädchen mißtrauisch an. Sie begann ihre Bluse wieder zuzuknöpfen.
»Warum siehst du nicht nach?«
»Hast du keinen besseren Vorschlag?« Es konnte Pietro sein, dachte er, oder ein Helfer von ihm, aber es konnte auch jemand sein, der viel gefährlicher war.
»Hast du Angst?« fragte Patrizia grinsend.
Sicher hatte er Angst, die Angst des Sanftmütigen vor der Gefahr. Sein Ausbruch bei Moroni war völlig unvorhersehbar gewesen und hatte ihn selbst am meisten überrascht. Es schien ihm wenig ratsam, sich jetzt kaltblütig mit einem Gegner einzulassen, der vielleicht stärker und besser vorbereitet war als er. Andererseits wich Patrizias spöttischer und gleichzeitig flehender Blick nicht einen Millimeter von ihm.
Er faßte einen, wie ihm schien, weisen Entschluß. Er stieg aus. »Ich sehe mich ein bißchen um«, sagte er und ging zu den Kastanien, die weit genug von der Stelle entfernt waren, wo der Unbekannte verschwunden war. Sein Plan war es, sich für ein paar Minuten zu verstecken, dann zurückzukommen und mit einer hilflosen Handbewegung zu erklären, daß er niemanden gefunden hätte. Für diesen Plan hätte er sich von dem Mann entfernen müs-

sen, tatsächlich aber kamen sie sich in der Dunkelheit immer näher, und plötzlich stand der Unbekannte hinter Aldaras Rükken und stürzte sich mit einer Art Seufzer auf ihn.
Keiner der beiden war in großer Form. Keuchend umklammerten sie sich mit den Armen, mehr vom Gesträuch als vom Gegner behindert. Dabei war das Hauptanliegen des Unbekannten offensichtlich, sein Gesicht zu verbergen. Und Aldara war eisern entschlossen, es nicht zu sehen. Es endete damit, daß sie sich keuchend und stöhnend in der Finsternis auf dem Boden wälzten und aufeinander einschlugen, ohne Kraft und ohne Folgen; bis Aldara begriff, daß der andere keine aggressiven Absichten hatte, sondern nur um sein Entkommen kämpfte. Er ließ ihn los und sah befriedigt, wie der andere emporschnellte und schwer atmend – er mußte schon älter sein – das Weite suchte.
Aber bei dem Kampf hatte er etwas verloren. Aldara fand es, als er sich auf die Hände stützte, um sich aufzurichten; eine elegante Schlüsseltasche, die von selbst aufging und sechs sauber aufgereihte Sicherheitsschlüssel enthüllte. In einem kleinen Fach steckte eine Karte, auf der stand, daß im Fall des Verlustes gebeten würde, die Tasche an – Name unleserlich –, Via Garibaldi 7/21, zu schicken.
Via Garibaldi 7 war der Palazzo Bonfigli, ein merkwürdiger Zufall, milde ausgedrückt.

Das kleine Handgemenge an der Hecke war nicht unbemerkt geblieben. Drei oder vier Autos waren schon abgefahren, und die Insassen der anderen waren wie erstarrt. In Aldaras Nähe kam ein graues Fahrzeug mit bockendem Motor vorbei, und der Fahrer warf ihm einen sonderbar abwesenden Blick zu, als ob er in tiefe Gedanken versunken wäre. Seine Begleiterin war unterhalb des Fensterrahmens verschwunden. Dann vertrieb ein warmer Wind die Aufregung, und alles ging weiter wie bisher.
Aldara drehte sich um und streckte hilflos die Arme aus. »Er ist verschwunden«, sagte er. Die kleine Lüge fiel ihm nicht schwer.
Patrizia schien nicht überzeugt. Offenbar hatte auch sie den Kampf hinter den Kastanien bemerkt. »Fahren wir«, sagte sie kühl.
Vielleicht ist sie die Mörderin, dachte Aldara und steckte heim-

lich die Schlüsseltasche ein. Sie war genügend eng mit dem Haus Bonfigli verbunden, um ein Motiv zu haben, sie benahm sich höchst zwielichtig, und sie hatte ihm immer noch nicht gesagt, was sie von ihm wollte.
»Nicht nach links, nach rechts«, sagte das Mädchen.
»Fahren wir nicht in die Stadt zurück?«
»Nein. Fahr nach rechts und bieg in den zweiten Weg ein, den zwischen den Bäumen.«
Sie verheimlichte etwas, daran gab es keinen Zweifel. Und ihre Geschichte war der von Rosa ähnlich, daß sie gemeinsam etwas unternommen haben konnten. Vielleicht hatte Patrizia Rosa den Fotoapparat gegeben. Aber warum? Offenbar um den Mörder zu erpressen.
Nein, das nicht. Aldara war sicher, daß die Geschichte von Patrizia in eine ganz andere Richtung lief.
»Hier ist es«, sagte sie. »Hinter der Eiche, da ist eine Lücke in der Hecke. Bieg nach rechts ein.«
»Mit dem Wagen?«
Sie nickte bestätigend und warf das kaum angerauchte Zigarillo fort. Die Glut, die vom Wind gepackt wurde, beschrieb auf ihrer Flugbahn eine Art Fragezeichen.
Der Weg zwischen den Hecken war so eng, daß die spitzen Zweige der Sträucher über die Seiten des Wagens strichen, als ob sie ihn festhalten wollten. Auf der anderen Seite war ein leerer unbebauter Platz neben einem halb verfallenen Haus, das von der Straße nicht zu sehen war. »Hier ist es«, sagte Patrizia, suchte in ihrer Tasche und holte zwei Schlüssel heraus.
Aldara folgte ihr neugierig. Auf den ersten Blick schien das Haus verlassen zu sein. Es war von Unkraut umgeben, der Efeu, der sich der Mauern bemächtigt hatte, drohte sie zum Einsturz zu bringen, und zwei steinerne Stufen wackelten bedenklich. Die Fenster jedoch waren mit festen hölzernen Läden verschlossen, und die Tür war durch zwei hochmoderne Schlösser gesichert.
»Darf ich wissen, wo wir sind?«
Patrizia gab keine Antwort. Sie öffnete die Tür und schob sie nach innen. Dort war es völlig dunkel. Dagegen schien die Nacht draußen wie von einem Feuerwerk erhellt. Aldara hatte das Gefühl, sich in einem dimensionslosen Universum zu befinden,

das keine Verbindung zur wirklichen Welt hatte, abgesehen von einem irgendwie nicht passenden Teppich unter seinen Füßen. Er fühlte sich elend und etwas schwindelig, als ob aus dieser Umwelt, die er nicht verstand, ein Dunst von Verwesung aufstieg.
Patrizia hatte hinter ihnen die Tür geschlossen und war schweigend weitergegangen. Er hörte ihre Stimme fern aus einer unerwarteten Richtung.
»Ich liebe dich«, sagte das Mädchen mit theatralischem Tonfall. »Glaubst du, daß es mir gelingt, dich vergessen zu lassen?«
»Warum machst du kein Licht?«
»Antworte mir, ich bitte dich.«
Aldara schwieg lange. »Man könnte es immerhin versuchen«, sagte er endlich, ohne die geringste Absicht, humorvoll zu sein.
Licht füllte den Raum und gab ihm wieder Dimensionen, aber gleichzeitig schuf es einen unvorstellbaren, prachtüberladenen Alptraum. Modernste Möbel, Berge von kostbaren Teppichen, die die Wände bedeckten. Ein Plattenspieler mit einem grünen, goldgefaßten Lautsprecher war in eine fahrbare Hausbar eingebaut. In einer Ecke ein Faun aus Stein. Ein schweres, halb offenes Zelt aus Brokat gab den Blick frei auf einen Alkoven im Stil florentinischer Renaissance.
Patrizia drückte auf einen verborgenen Knopf, und die Flöte des Fauns ließ gedämpfte Musik erklingen.
»Was ist das für ein Zeug . . .«, begann Aldara.
»Das ist meine private Hölle«, sagte Patrizia ernst. Eingerahmt vom Zelteingang zog sie die Bluse aus und begann den Reißverschluß des Rocks zu öffnen.

Als er viel später wieder ins *Clementi* kam, war er sehr müde. Er hatte an diesem Tag mehr Gefühlsenergie verbraucht als in den letzten zehn Jahren und fühlte sich körperlich wie zerschlagen. Er wünschte sich nichts als unter seiner Decke zu liegen und für den Rest der Nacht allein zu sein. Und morgen würde er abreisen, ohne sich zu verabschieden, sagte er sich, als er Kräfte sammelte für den Weg die Treppe hinauf.
Die Tür zu seinem Zimmer war nicht verschlossen, aber er trat ein, ohne darauf zu achten. Am Boden auf den staubigen Fliesen

waren feuchte Flecken, dazwischen dunklere glänzende Sterne. Sie zeichneten eine Spur von der Zimmertür bis zum Bad.
In der randvollen Wanne lag Rosa, völlig bekleidet. Die Augen starrten ausdruckslos auf einen fernen Punkt. Aus dem schlecht geschlossenen Hahn kam ein Wassertropfen, scheinbar immer derselbe Tropfen, mit einem leisen, grausamen und höhnischen Geräusch. Es klang wie der Takt der Zeit.
Mario Aldara lehnte sich an die Wand, kämpfte gegen einen Brechreiz und versuchte keuchend zu Atem zu kommen. Der Anruf war also doch kein Scherz gewesen. Der Anrufer hatte sich nur in der Zimmernummer geirrt.
Es war eine Geschichte voller Irrtümer, sagte er sich immer wieder, wie eine defekte Schallplatte: voller Irrtümer, eine Geschichte voller Irrtümer – voller Irrtümer.
Was hatte Rosa begangen, bevor sie auf diese Weise endete? Sie hatte sich vom Gedanken an eine Erpressung blenden lassen, ohne das Format zu haben, sie zu Ende zu führen.
Er erinnerte sich, wie sie ihn umarmt hatte, unbefangen und entschlossen, sich nicht zu prostituieren; die animalische Gleichgültigkeit während der Liebe, die in den letzten Sekunden in einer kurzen heftigen Krise schlagartig zerbrach. Sie war eine Hure nicht aus Schlechtigkeit und vielleicht auch nicht aus Neigung, sondern aus Auflehnung. Es war ganz natürlich, daß sie mit jedem Mittel zu entkommen suchte, auch mit dem gefährlichsten.
Und so kam er durch eine Gedankenverbindung wieder zu seiner eigenen Lage, die alles andere als glänzend war. Der Mörder hatte sich nicht damit zufriedengegeben, sich Rosa vom Hals zu schaffen, er hatte außerdem versucht, den Verdacht auf ihn zu lenken. Wer das alles so eingerichtet hatte, und warum, das war die Frage, vor der er jetzt stand, aber sie mußte warten. Viel wichtiger war es, den Plan zu stören und die Leiche zu beseitigen.
Mit einer Ruhe, die er sich nicht zugetraut hätte, ließ er das Wasser aus der Wanne ablaufen, und dabei zog er sich das Hemd aus. Er packte die fast steife Leiche des Mädchens unter den Armen, und mit Entschlossenheit, aber auch Unbehagen, schleppte er sie in die Mansarde.
Die hölzerne Treppe gab knarrende Töne von sich, wie Pistolenschüsse, aber mit zusammengebissenen Zähnen ging Aldara wei-

ter und dachte daran, daß solche Geräusche in diesem Hotel niemals auffallen würden und daß die Gefahr einer Begegnung mit anderen um diese Zeit gleich Null war. Rosas Füße kratzten über den Putz der Mauer, das war unvermeidlich, und als er die Tür zur Mansarde mit großer Mühe geöffnet hatte, konnte Aldara nicht verhindern, daß ihr Kopf mit einem schrecklichen, hohlen Laut gegen den Türpfosten schlug. Atemlos sagte er »Entschuldigung« und biß die Zähne zusammen. Dabei hätte er beinahe lachen müssen.
Drinnen fühlte er sich sicherer, aber das Schlimmste kam noch. Es ist schwierig, eine Leiche auszuziehen, die naß und schon fast steif ist. Es ist eine ermüdende Arbeit, die zu banalen, aber beunruhigenden Gedanken anregt.
Als er fertig war, war auch die Wanne voll. Er ließ die Leiche ins Wasser sinken, dabei vermied er es, die Augen anzusehen, die erstaunlicherweise ihren Ausdruck verändert hatten; jetzt lachten sie höhnisch in der unbeweglichen Maske des Gesichts.
Er richtete sich keuchend auf, und der Rest war einfach. Er drückte die nasse Wäsche gut aus und hängte sie auf eine Leine, die zwischen zwei Haken gespannt war, trocknete die Wasserflekken auf, schauderte in einem plötzlichen Schüttelfrost und wischte seine Fingerabdrücke mit einer fast krankhaften Pedanterie ab, obwohl er wußte, daß das zuverlässig gar nicht möglich war. Und nachdem er die abgetragenen Sandalen lange betrachtet hatte, entschloß er sich, sie mit in sein Zimmer zu nehmen und sie zu einem geeigneten Zeitpunkt verschwinden zu lassen.
Es war alles naß, draußen und drinnen, aber sehr ruhig. Rosa war also durch einen Unfall gestorben, als sie ein Bad nahm. Das war auch für die detektivischen Fähigkeiten von Bradolin klar erkennbar.
Aldara ging in sein Zimmer zurück, legte sich aufs Bett und versuchte sich zu beruhigen, und plötzlich kam die Reaktion, ein krampfhaftes Zittern, die Versuchung zu schreien, das Verlangen, das Gesicht im Kopfkissen zu verbergen. Er schlug wie rasend mit den Fäusten um sich und schluchzte, bis er endlich erschöpft einschlief.

6

Um drei Uhr nachts verlor Professor Morlacchi die Hoffnung auf Schlaf und ging nackt ins Wohnzimmer, um sich ein Glas Whisky zu holen. Der Raum wirkte ruhig, als ob er sich wunderte, ihn zu dieser Zeit zu sehen. Alle die kleinen nächtlichen Phantastereien waren durch das Licht verdrängt worden, aber sie lauerten hinter jeder Ecke, und nichts konnte die Stille durchbrechen. Das kurze Klirren des Glases, das Schnappen des Feuerzeugs, das leise Stöhnen des Sessels, der unter seinem Gewicht nachgab, das alles wurde von der Nacht verschluckt und hinterließ nur stummes Schweigen.

»Versuchen wir zusammenzufassen«, sagte Morlacchi schaudernd mit lauter Stimme. Inzwischen hatte er eine weitere Reihe von Dummheiten begangen, eine schlimmer als die andere. Es war ein Wunder, daß man ihn noch nicht verhaftet hatte. Nun, er hatte nicht die leiseste Ahnung, wer ihn so sehr hassen konnte, daß er zwei Morde nur – oder auch – deshalb beging, um ihn ins Unglück zu stürzen. Er hatte eine Liste aufzustellen versucht und war auf vier Personen gekommen. Nach kurzer Prüfung hatte er alle gestrichen. Und bedrückt dachte er, daß jemand, der keinen Feind hat, dem er sein Unglück zuschieben kann, sein Leben eigentlich verschwendet hat.

Aber irgend jemand mußte es sein. Die beiden Anschläge auf ihn, die dadurch, daß sie auf Umwegen erfolgten, nicht weniger zielsicher und gefährlich waren, bewiesen es. Und dieser Feind im Dunkel, war es nur einer? Die Durchführung und Logik der Morde schien auf zwei hinzuweisen, vielleicht sogar drei. Eine Verbrecherbande mit dem einzigen Ziel, ihn zu ruinieren – das war undenkbar.

Also, überlegen wir. Cesare Bonfigli hatte ihn abgefangen und in sein Büro geschleppt. Das war seine letzte bewußte Handlung, bevor er sich umbrachte oder umgebracht wurde. Vorher jedoch hatte Cesare Bonfigli oder jemand anders Rosa benachrichtigt und ihr die Kamera in die Hand gedrückt, zu dem einzigen Zweck, ihn unter Druck zu setzen. Daher waren es drei Komplizen: Bonfigli, der ihn in die Falle gelockt hatte, Rosa und der Mörder.

Drei sind entschieden zuviel. Überlegen wir, dachte er und goß sich ein zweites Glas Whisky ein. Sein kartesisches Sonnensystem tauchte wieder auf aus der Dunkelheit, während der Alkohol sich in seinem Leib ausbreitete.
Einer muß also ausgeschaltet werden, aber wer? Cesare Bonfigli? Nein, er war persönlich aufgetreten, wie der Erfinder des ganzen Plans. Rosa? Nein, sie hatte das Foto gemacht, ihn zu erpressen versucht und war ermordet worden, unwiederbringlich. Der dritte? Nein, denn wer sonst hatte Rosa getötet? Obwohl sehr verschwommen, hatte auch der dritte eine faßbare Realität, er war sozusagen eine geometrische Notwendigkeit. Und welchen Namen sollte man dieser hinterlistigen und bösartigen Person geben, der Spenderin von Tod und Verderben? Da sie eine Verbindung zwischen Morlacchi und den beiden Opfern herstellte, konnte es nur eine Antwort geben: Viviana.
Gut, aber wenn man sich dieser Theorie anschloß, aus welchem Grund hätte Viviana so grausame und abwegige Mittel benutzen sollen, um – den Gatten vielleicht – aber ihn zu beseitigen? Wäre es nicht viel sinnvoller gewesen, ihm mitzuteilen, daß alles aus war, da sie wußte, daß sie es mit einem vernünftigen und verständnisvollen Mann zu tun hatte?
Das war unmöglich. Abgesehen von allen anderen Überlegungen war Viviana klug genug, um zu begreifen, daß, wenn er in Verdacht geriet, zwei Stunden später auch sie als Komplicin verdächtigt würde. Außer wenn sie ein geheimes Alibi hatte, das sie im richtigen Augenblick aus dem Ärmel zog. Auf jeden Fall hätte man ihr sofort die ebenfalls unerfreuliche Rolle der Auftraggeberin zugeschoben.
Also Viviana nicht. Viviana war gut, süß, schön und träge. Unmöglich! Der Schlüssel zu allem war Cesare, von ihm war die Initiative ausgegangen, er war der Angelpunkt der ganzen Geschichte. Er hatte ihn belogen, als er behauptete, an einer nicht existierenden manischen Depression zu leiden.
Aber du mein Gott, diese Hauptperson, diese bösartige Spinne, die in der Dunkelheit ihre verworrenen Intrigen spann, mußte plötzlich sterben und war zu früh von der Bühne abgetreten.
Außer wenn . . . Außer wenn . . .
Hier hatte der Professor einen jener Geistesblitze, wie Newton,

der so überzeugend war, daß er für einen Augenblick nur mit den Lidern zwinkerte. Dann sprang er auf und trat vor den De Chirico, der ihm teuer war wie sein Augenlicht und über dessen Echtheit er trotzdem gewisse unausgesprochene Zweifel hatte (aber was war schon echt auf dieser Welt? Und außerdem war er sehr schön). Außer wenn, dann . . . Sind wir wirklich sicher, daß Bonfigli am Anfang der Geschichte gestorben ist? Wenn er gar nicht der Mann gewesen wäre, der aus dem fünften Stock stürzte? Angenommen, es war ein anderer, der vorher durch einen Schlag auf die Nase entstellt worden war. Wer würde die Leiche identifizieren? Irgendein Familienmitglied, das vom Schock überwältigt, vielleicht vom Schmerz geschüttelt, ohne Zweifel nicht in dem Seelenzustand ist, um mit einer Lupe Zentimeter für Zentimeter die Leiche zu untersuchen. Wenn das Fenster, die Kleidung und die Gelegenheit stimmen, wird das Familienmitglied, das schon sicher ist, den teueren Verstorbenen vor sich zu haben, einen wenn auch nicht oberflächlichen, so doch sicher nicht gründlichen Blick auf ihn werfen. Und das Spiel ist gewonnen.
Jetzt hatte Morlacchi das Gefühl, den Faden gefunden zu haben, und er spürte eine wachsende Erregung, wie in der ersten Zeit seiner Berufstätigkeit, wenn er einer exotischen Diagnose auf der Spur war.
Wenn man das kleine Risiko außer acht ließ, das wirklich kaum zählte, dann fiel jeder Stein des Mosaiks an die richtige Stelle, und Bonfiglis Plan erwies sich als unfehlbar. Er war es gewesen, der sich zwei unbequeme Personen vom Hals schaffen wollte, einen noch Unbekannten und Morlacchi. Er war es, der mit Rosa wegen der Fotografie verhandelt und sie dann getötet hatte, als sie zu einer gefährlichen Komplicin geworden war. Und er hatte die Gelegenheit ausgenutzt, um Morlacchi in noch größere Schwierigkeiten zu bringen.
Diese Erkenntnis, die vom theoretischen Standpunkt sehr befriedigend war, eröffnete jedoch neue beunruhigende Aussichten. Wenn Bonfigli wirklich jener Verbrecher war, wie es jetzt schien, dann hatte er sein letztes Ziel noch nicht erreicht. Morlacchi, und vielleicht noch vor ihm Viviana, befanden sich in großer Gefahr.

»Ich entschuldige mich noch einmal«, sagte Avvocato Salnoiraghi und streckte die Hand nach einer Schachtel Zigaretten aus, nahm aber im letzten Augenblick statt dessen eine Rolle Karamellen, »daß ich Sie hier plötzlich zusammengerufen habe, so wenige Tage nach dem – Unglück.«
Er wickelte das Papier von den Karamellen und sah die Anwesenden der Reihe nach an: Viviana, Pietro, Bianca, ihr französischer Gatte, und in der zweiten Reihe auf dem Sofa in der Ecke die Alte und etwas, das aussah wie eine Pflanze ohne Chlorophyll und Marcello genannt wurde.
Wenn er nicht selbst kurz vor einem Nervenzusammenbruch gestanden hätte, so hätte der Anwalt die Situation zutiefst genossen. Die vier saßen im Halbkreis um ihn wie auf Nadelspitzen, und sie alle versuchten die folgenden Worte zu erraten. Benoit, der Mann von Bianca, der ein paar Worte Italienisch, aber keinen ganzen Satz verstand, bewegte sogar mitfühlend die Lippen.
»Leider haben mir die Umstände nicht erlaubt, auf Ihre Gefühle Rücksicht zu nehmen«, fuhr er mit fast unfreiwilliger Ironie fort, »weil Cesares Tod in einem Augenblick, den ich für das Schicksal der Familie Bonfigli als entscheidend zu bezeichnen nicht zögern würde, rasche und präzise Entschlüsse erfordert.«
»Mais qu'est-ce qu'il dit?« flüsterte Benoit und beugte sich über die Armlehne seines Sessels zu Bianca.
»Rien. Des bêtises. Tais-toi«, erwiderte Bianca, ohne ihn anzusehen. Sie starrte auf Salnoiraghi.
Der Anwalt hatte die Augen geschlossen. Er versuchte, sich mit sichtlicher Anstrengung zu konzentrieren, und fragte sich, welche Bündnisse sich bilden würden und wer die Mehrheit gewinnen würde. Es war noch zu früh, sich festzulegen.
»Wie Sie wissen«, sagte er und starrte auf seine Fingernägel, »war die letzte Zeit für die *Mulini Bonfigli* nicht sehr erfolgreich, und der arme Cesare hatte einen Vertrag mit einer Firma in Düsseldorf fast bis zum Abschluß gebracht. Sie war bereit, die *Mulini* zu übernehmen. Cesare hatte ihr ein Aktienpaket und den Posten des Generaldirektors angeboten. Der vereinbarte Preis liegt, soviel mir bekannt ist, um zwanzig Prozent über dem echten Wert der Firma.«
»Um fünfzehn Prozent über dem Bilanzwert«, warf Pietro ein und

strich sich den Bart. »Das ist so gut wie nichts.«
Salnoiraghi hob verzweifelt die Arme, um dadurch auszudrücken, daß die Bewertung nicht sein Werk gewesen war.
»*Qu'est-ce qu'il a dit?*« fragte Benoit.
»*Mais rien*«, gab Bianca ungeduldig zurück. »*Laisse-moi tranquille.* Wir wissen alle, daß sich Bilanzen dehnen lassen wie Kaugummi.«
Die Positionen begannen deutlicher zu werden. Nur Viviana hatte sich zur Bilanz, einem für sie unergründlichen Rätsel, noch nicht geäußert. Viviana schien sich höflich zu langweilen. Aufmerksam las sie die Promotionsurkunde des Anwalts, die an der Wand hing.
Salnoiraghi fragte sich, was sich hinter dieser so ungenutzten Schönheit verbarg, hinter dieser zufriedenen Gleichgültigkeit eines wohlgenährten Haustiers. Zwanzig Jahre des Zusammenlebens mit einem impotenten Mann und einer lästigen Familie mußten zwangsläufig bei ihr einen Groll zur Folge haben, ein Verlangen nach Wiedergutmachung oder ein Sehnen nach Freiheit, was ihre Entscheidung beeinflussen würde. Aber da war dieses Gerücht von einem unbekannten Liebhaber, der plötzlich auftauchen und für Cesares Tod verantwortlich gemacht werden konnte. Wenn es dazu kam, daß Viviana verdächtigt wurde, wurden alle Karten neu gemischt, und sie mußten wieder von vorn anfangen.
Er mußte äußerste Vorsicht walten lassen, sagte er sich, und durfte im Augenblick nicht an das eigentliche Problem denken. Aber dieses Problem, das beseitigt werden mußte, schwoll in seinem Inneren plötzlich an wie ein Ballon, der im Begriff war, seine Seele zu zersprengen (Salnoiraghi war religiös). Und damit kam wieder ein Anfall jener bedrückenden Sorgen, die ihn seit vielen Jahren zu einem Nervenbündel gemacht hatten und von denen außer ihm niemand wußte, nicht einmal Matilde. Aber in letzter Zeit schien eine leichte Besserung eingetreten zu sein. Diese Sorgen waren alte Gefährten, manchmal fast liebenswert, und manchmal, wie jetzt, so unerträglich, daß er mit dem Gedanken spielte, sich in einer Höhle zu verstecken wie im Mutterleib.
»Damit die nächste Versammlung einen Beschluß fassen kann«, sagte er ruhig, »müssen wir uns leider mit Dringlichkeit dem Pro-

blem der Nachfolge stellen.«
»Wenn Dringlichkeit bedeutet«, unterbrach ihn Bianca, »daß ich um weitere zwei oder drei Millionen betrogen werde, habe ich gar keine Eile.«
Mit fünfundvierzig Jahren gehörte Bianca zu den Frauen, die man zweimal ansehen mußte, um zu wissen, ob sie häßlich oder beinahe schön waren. Beim zweiten Blick wirkte sie nicht nur häßlich, sondern sogar widerlich. Die bläßliche Regelmäßigkeit ihrer Züge hatte eine abstoßende Wirkung.
»Mais, sacre Dieu, veux-tu me traduire?« Die schützende Hand von Benoit legte sich mit einer Schauder erregenden Sanftheit auf Biancas Schulter. Bianca fuhr herum und deckte ihn mit einem Schwall von Schimpfworten ein. Benoit erwiderte mit erhobener Stimme, aber es war nicht klar, ob er sich über sie oder über die anderen ärgerte. Zwei Worte wurden in dem hitzigen Gefecht mehrfach wiederholt. *»l 'argent disparu.«* Dann brach der Streit mit der gleichen Plötzlichkeit ab, mit der er begonnen hatte.
Für einen Augenblick herrschte Stille.
Pietro griff sich mit der Rechten an den Bart, aber er zögerte, die Geste zu vollenden. Er beugte sich vor. »Willst du behaupten, du wurdest um zwei oder drei Millionen betrogen?«
»Gehen wir«, sagte Bianca. Ihre Finger kramten nervös in der Handtasche.
»Nein, ich verlange eine Erklärung. Sprichst du von Cesare oder von mir?«
Sie biß sich auf die Lippen und suchte weiter nach der Zigarettenpackung, ohne sie zu finden. »Gehen wir«, wiederholte sie scharf. »Hier ist nicht der Ort dazu.«
Salnoiraghi saß auf glühenden Kohlen, als er sie mit viel Verständnis beobachtete. Bianca wenigstens war ein klarer Fall. Sie setzte nicht, wie die anderen, ein Stück Kuchen aufs Spiel, sondern ihr Leben. Alle wußten, daß sie, als sie Benoit einfing, geblufft hatte, indem sie ihm die *Mulini* als Köder bot und sie ihm viel saftiger schilderte, als sie in Wirklichkeit waren. Es war sogar wahrscheinlich, daß Benoit, nachdem er das wenige, was wirklich da war, genossen hatte, die Ehe satt hatte. Der Tod von Cesare konnte einen Aufschub bedeuten, eine unsichere Sache allerdings, aber etwas mußte doch herauskommen.

Um weiterem Drängen von Pietro zuvorzukommen, beugte er sich mit dem brennenden Feuerzeug zu ihr, aber der Flamme gelang es nicht, die Zigarette zu finden, weil beiden gleichzeitig die Hände zitterten, aber nicht synchron. Dann schloß die Frau die Augen und ließ sich nach hinten gegen Benoit fallen.
»Vielleicht wäre es zweckmäßig, den Anwalt fortfahren zu lassen«, sagte Viviana gelangweilt.
Salnoiraghi wartete einen Augenblick, nahm die Pause als Aufforderung und fuhr fort: »Im wesentlichen muß heute festgelegt werden, wer in den nächsten Tagen die Entscheidungen treffen soll. Anscheinend ist der arme Cesare ohne Testament gestorben, und daher stellt sich das Problem der Nachfolge, das nicht ganz einfach ist.«
Bianca drehte sich ruckartig um. »Was folgt daraus?«
»In solchen Fällen, wenn keine direkten Erben vorhanden sind, also keine Kinder und Enkel, wird die Erbmasse in zwei Hälften geteilt. Die eine Hälfte geht an die Witwe, die andere zu gleichen Teilen an die Verwandten aufsteigender Linie und die gesetzlichen Seitenlinien. In diesem Fall also wird die Hälfte zwischen der Mutter und den Brüdern geteilt. Und hier ergibt sich eine erste Schwierigkeit. Einer der Brüder« – er drehte sich zu Marcello, der leise brummend am Daumen lutschte –, »ist – nun, gesetzlich nicht geschäftsfähig. Tatsächlich aber kann er nach dem Gesetz die gleichen Rechte wahrnehmen wie die anderen, weil bisher nichts unternommen wurde, um diese – diese Behinderung aktenkundig zu machen.«
Bianca hatte einen Notizzettel vom Schreibtisch genommen und begann fieberhaft zu rechnen. Benoit beobachtete ihre Bemühungen fasziniert, dabei nagte er an seinen vollen roten Lippen, und sein Blick war starr wie der eines Sperbers, der seine Beute belauert.
Bianca schrieb: Cesare 1/3; Pietro 1/3; Bianca 1/3; und darunter, nachdem sie Cesare gestrichen hatte: Viviana 1/6; Pietro 1/3 + 1/4 aus 1/6 = 1/3 + 1/24; Bianca 1/3 + 1/24; Mamma 1/24; Marcello (?) 1/24 . . .
»Über die Aussicht, mit der deutschen Gruppe zu einer Übereinkunft zu kommen, gibt es wohl keine Zweifel«, sagte Salnoiraghi. »Die Vermögensverhältnisse der Firma . . .«

»Doch, es gibt Zweifel«, warf Pietro ein. »Auch Cesare war seiner Sache nicht ganz sicher.«
Der Anwalt sah ihn überrascht an. Er wurde noch vorsichtiger.
»Das ist mir nicht bekannt. Es war natürlich nötig, die Versammlung einzuberufen.«
»Cesare hat mit mir darüber gesprochen, am Abend vor – vor seinem Tod.«
Pietro sah Viviana fragend an, und sie stimmte ihm mit einem leichten Nicken zu. »Am Abend davor, gegen zehn.«
»Genau. Cesare war sehr beunruhigt. Und heute, nach seinem Tod, befinden wir uns in einer ganz anderen Situation. Es ist nicht wahrscheinlich, daß die Deutschen bereit sind, einem von uns den Posten des Generaldirektors zu überlassen.«
»Man könnte sie fragen«, murmelte der Anwalt zögernd. Mit gerunzelter Stirn wandte er sich an Bianca.
Diese hatte ihre Berechnungen auf den kleinsten gemeinsamen Nenner zurückgeführt. Dann hatte sie die zweite Zeile gestrichen und von vorn angefangen: Cesare, fällt aus. Viviana 4/24; Pietro 9/24; Bianca 9/24; Mamma 1/24; Marcello 1/24.
Benoit beugte sich vor und flüsterte ihr leise zu: *»Qu'est-ce qu'il y a?«*
»Pietro ne veut pas vendre«, schrieb Bianca rasch.
Benoit nahm den Block und schrieb: »Vivienne?«
»J'en sais rien. Ça ce peut que oui.«
»Maman et l'idiot?«
»Ils font tout ce que dit Pietro.«
»Natürlich entscheidet die Mehrheit der Versammlung«, sagte Salnoiraghi ruhig, nachdem er seine Sorgen verdrängt hatte. »Aber da es sich um ein Familienunternehmen handelt, wäre es zweckmäßig, wenn Einmütigkeit hergestellt würde.«
Er wurde durch die Sprechanlage unterbrochen. Jemand wollte ihn sprechen, im Wartezimmer. Salnoiraghi spürte ein leises Zukken und fragte, wer es war. An der anderen Seite ein kurzes Zögern, dann kam wieder die Stimme der Sekretärin.
»Dr. Mario Aldara aus Rom.«
»Ich kenne ihn nicht«, sagte Salnoiraghi leise. Sein Blick fiel auf Viviana, und zum erstenmal in seinem Leben sah er sie erröten. Sie bewegte die Füße, als ob sie ihr eingeschlafen wären, und

spielte versonnen mit dem Verschluß ihrer Handtasche. Den anderen war nichts anzumerken.
Schau, schau, dachte Salnoiraghi erstaunt, es scheint, daß der geheimnisvolle Liebhaber sich entschlossen hat, Gestalt anzunehmen.
»Er soll warten oder später wiederkommen. Jetzt möchte ich auf keinen Fall mehr gestört werden.«
Bianca hatte ihre Berechnungen beendet. Erleichtert zeigte sie sie ihrem Mann. »Pietro 9/24 + Mamma 1/24 + Marcello 1/24 = 11/24. Bianca 9/24 + Viviana 4/24 = 13/24. *Il faut convaincre Viviana.*«
Benoit lächelte nachsichtig und schrieb: »*Et si Vivienne etait incriminée?*« Er strich den Namen von Viviana aus und machte eine neue Rechnung auf. *Pietro 10/24 + Mamma 2/24 + Marcello 2/24 = 14/24. T'es foutue.*

Mario fühlte sich nicht gut. Er war steif und starr wie ein tiefgefrorener Fisch aufgewacht, auf der Zunge einen bitteren Geschmack von dem Hasenbraten. Im Hotel herrschten die üblichen Geräusche, die man gar nicht mehr hört. Die Leiche von Rosa in ihrem nassen Bett war noch nicht gefunden worden.
Er war nach draußen in die Bar gegangen, und nach dem Kaffee hatte ihn irgendein boshafter Geist verleitet, in seiner neuen Rolle als harter amerikanischer Detektiv die Dummheit zu begehen und ein Glas Whisky zu trinken, das ihn in einen taumelnden Hampelmann verwandelte.
Nach der Bar hatte er dem Weltuntergang im *Clementi* beigewohnt, aber er war geblieben, bis er gesehen hatte, wie Bradolin aus dem Auto der Carabinieri stieg.
Bradolin hatte ihn in der Halle des Hotels wie einen alten Freund behandelt, der durch die Umstände auf die andere Seite des Gitters verwiesen worden war. »Wir haben gestern abend eine Menge Unsinn geredet, aber während dessen hat irgend jemand Ernst gemacht.«
»War es denn kein Unfall?«
»Wieso? Natürlich. Das Mädchen ist in der Badewanne ausgerutscht und schlug mit dem Kopf gegen den Wannenrand. Sie hat sogar einen Bluterguß genau an der richtigen Stelle. Aber wir

beide wissen es besser, oder?«
In einer Ecke der Halle redete die Clementi mit einem Polizisten, dabei wedelte sie mit ihren Pelikanarmen, voller Entrüstung, daß ihr diese Ungerechtigkeit zugestoßen war.
»Merkwürdige Zufälle«, murmelte Mario. Das Sprechen fiel ihm schwer, sein Mund war trocken, und er heuchelte nicht überzeugend. »Rosa hat am Samstag diese Aufnahme gemacht, und heute kommt sie durch einen Unfall ums Leben. Könnte es nicht so gewesen sein?«
»Und ein Witzbold hat sich gestern diesen Scherz mit mir erlaubt. Sicher, jeder Zufall ist möglich, wenn der Signore freundlicherweise die Karten mischt. Aber wir beide wissen, daß Rosa noch am Leben wäre, wenn ich meine Pflicht getan hätte und wenn du nicht die Zeit mit deinen persönlichen Problemen vertrödelt hättest.«
»Vielleicht war sie schon vorher tot. Wir wissen nicht, wer es getan hat.«
In der Halle drängten sich die abreisenden Gäste, und die beiden Carabinieri hatten Mühe, sie zu beruhigen. Draußen hatte sich eine kleine Menschenmenge versammelt und wartete auf spannende Enthüllungen.
»Doch, das wissen wir. Es ist der Freund der Dame.« Mit einer eindrucksvollen Geste zündete Bradolin seine Pfeife an und fügte bitter hinzu: »Aber dies ist keine Familienangelegenheit mehr.«
»Du irrst dich. Viviana hat keinen Liebhaber, und mit dieser Sache hat sie nichts zu tun. Trinkst du einen Kaffee mit mir?«
Bradolin schüttelte den Kopf, er wartete auf den Untersuchungsrichter. Er empfahl ihm, in der Nähe zu bleiben und insbesondere die Stadt nicht zu verlassen.
Und so trat Aldara auf den staubigen, windigen Platz hinaus und ging wie ein Schiffskapitän mitten im Sturm zu dem Palazzo in der Via Garibaldi.
Patrizia wartete im Mercedes von Pietro, der in der zweiten Reihe parkte. Er hatte nicht den Mut, ihr gegenüberzutreten, und machte einen weiten Umweg, um nicht an ihr vorbeizugehen, aber im letzten Augenblick, schon im Schatten des Hauses, konnte er der Versuchung nicht widerstehen, sich umzudrehen. Sie sah ihn mit einem traurigen Lächeln an, das voll von Fragen war,

die Aldara nicht beantworten konnte. Es war eine neue Patrizia, schwer zu deuten. Es war, als ob er sich gegen eine schwache Feder stemmte, die ihn nach drinnen zog, als er sich vom Haus hatte verschlucken lassen.
Plötzlich stand er auf, ungeduldig, als ob ihn etwas drängte, wie es manchmal ging, wenn er nichts zu tun hatte.
Auf der anderen Seite im Büro des Anwalts erhoben sich Stimmen, sie intonierten eine Art von eintönigem Gregorianischen Choral, abwechselnd in lauten und leisen Tönen. Es kam ein langes, in einen Kontrapunkt auslaufendes *fortissimo*, dann wurde es wieder leise.
Wenn ich für den Mörder eine Gefahr bedeute, und nur das kann der Grund sein, daß er Rosas Leiche in mein Bad gelegt hat, sagte Aldara sich zum zehntenmal, dann ist klar, daß ich etwas habe, was ihn belasten könnte. Und das ist nicht jene Schlüsseltasche. Die Schlüsseltasche ist nur ein Zufall. Also, was ist es? Könnte es sein, daß ich etwas weiß, ohne es zu ahnen?
Mit einer wütenden Bewegung legte er die Zeitung auf den Tisch. Das Lokalblatt befaßte sich fast ausschließlich mit dem Leben, dem Tod und den Verdiensten von Cesare Bonfigli. Unten auf der Seite, neben den Programmen der drei Kinos, berichtete ein Artikel vom erschütternden Selbstmord eines Mädchens, das sich in den Fluß gestürzt hatte. Dreizehn Jahre. Einzelheiten fehlten, weil sich der Vorfall erst am späten Nachmittag zugetragen hatte, aber in dem unscharfen Bild glaubte Mario die widerstrebende Patientin von Dr. Moroni vom Montag morgen zu erkennen.

Salnoiraghi hatte vorgeschlagen, die deutsche Firma um einen Aufschub von zwei Wochen zu bitten, um den Erben eine Denkpause zu gestatten, aber während die anderen schon aufstanden, schnitt Bianca die Frage des Schweizer Kontos an.
Es mußten mehrere Milliarden sein, die in guten Währungen angelegt waren. Wenn Mutter und Geschwister Anspruch auf die Hälfte der Erbschaft hatten, fand sie es nur gerecht, wenn auch dieses Konto in den allgemeinen Topf geworfen wurde.
»Davon weiß ich nichts«, murmelte Salnoiraghi unsicher. »Juristisch existiert es in Italien nicht. Und ich glaube auch nicht, daß es unter dem Namen des armen Cesare läuft.«

Er sah Viviana an. Sie hob erstaunt die Augenbrauen. »Ich weiß nicht, ich glaube, es ist ein Nummernkonto. Cesare hat einmal mit mir darüber gesprochen, wir waren auch in Zürich, und ich mußte etwas unterschreiben, aber ich erinnere mich nicht mehr . . .«
»Ist das wahr?« fuhr Bianca dazwischen. »Du erinnerst dich nicht. Schau an! Du weißt nicht genau . . . Dann sage ich dir, was es ist. Es ist das Kapital, das er von den *Mulini* abgezogen und in Sicherheit gebracht hat. Das ist es. Es ist die Beute eines Betrugs.« Und gleichzeitig flehte ihr Blick sie an, nichts zu erwidern und ihr in den Augen von Benoit wenigstens dieses Alibi zu lassen, denn der hörte mit gespitzten Ohren wie ein Jagdhund zu.
Wenn Pietro die Botschaft vernommen hatte, so wollte er sie jedenfalls nicht verstehen. »Reden wir keinen Unsinn«, warf er ein. »Cesare hatte noch andere Vermögenswerte und Einkünfte als von den *Mulini*. Wie wir anderen auch. Wenn er also gewonnen hat und wir haben verloren, dann ist das nicht seine Schuld.«
»Man müßte nur wissen, wie er gewonnen hat. Meinen Anteil am Grundbesitz hat er für ein Trinkgeld übernommen. Er hat mich unter Druck gesetzt wie ein – wie ein . . .«
»Davon weiß ich nichts. Aber wenn du nicht haushoch verschuldet gewesen wärest, hätte dich niemand zum Verkaufen zwingen können.«
»Das ist meine Angelegenheit«, schrie sie und kam damit dem interessiert lauschenden Benoit zuvor. »Und das Schweizer Konto ist jetzt auch meine Angelegenheit.«
»In der Schweiz«, warf Salnoiraghi sanft ein, »gelten andere Gesetze als in Italien. Es ist möglich, daß die Signora«, er nickte Viviana zu, »Mitinhaberin des Kontos ist.«
»Ich glaube ja«, sagte Viviana ruhig und senkte die Augenlider.
»Aber hier ist es verboten, Kapital im Ausland zu haben.«
Bevor sie Benoit getroffen hatte, war Bianca nie sehr an Geld interessiert gewesen, und jetzt mußte sie mit unzulänglichen Waffen für ihn den Kampf um die letzte Lira kämpfen. Sie wußte, daß sie in dieser Schlacht die Empfindsamkeit eines gereizten Büffels hatte, aber jenes unerwartete Glück, der Tod von Cesare, um den sie trotzdem ehrlich trauerte, war zur richtigen Zeit gekommen,

als Benoit auf bedrohliche Weise höflich wurde, ein Zeichen, das einem Todesurteil entsprach. Bianca wollte nicht verlieren.
»Wenn jemand sie anzeigt«, sagte sie und nickte Viviana zu, »bekommt niemand etwas.«
»Keiner denkt daran, sie anzuzeigen«, unterbrach sie Pietro.
»Was weißt denn du.«
Viviana richtete sich auf, etwas blaß, um zu sprechen.
»Ich schlage vor«, erklärte Salnoiraghi eilig, »daß wir die Diskussion vertagen.«
»Vielleicht auch nicht«, sagte Viviana, als ob sie nicht genau wüßte, was sie wollte.
Der Anwalt hob die Hände fast wie zu einem Gebet. »Ich würde sagen, daß es klüger wäre, eine gemeinsame Front zu bilden, um über die *Mulini* zu entscheiden.«
Bianca schien Benoit eilig etwas zu erklären. Sie gab ein schwaches Zeichen der Zustimmung, ihre Augen waren feucht von Tränen, und die Versammlung löste sich auf.

Aldara sah sie im Gänsemarsch an sich vorbeiziehen: die Alte und Marcello; Bianca und Viviana, Benoit, Pietro, gefaßt und schweigend, jeder für sich wie auf einer einsamen Insel. Und einer von ihnen ist der Mörder, dachte er. Einer von ihnen, der bei der Begrüßung seine Verwunderung darüber verbergen mußte, daß er ihn in Freiheit sah.
Keiner zeigte das geringste Erstaunen.
Bei der Begrüßung gelang es Viviana, in seiner Nähe zu bleiben, und dabei sagte sie wieder, daß sie ihn sprechen wollte. Sie meinte, wenn möglich, sollte er in das Wohltätigkeitsinstitut kommen. Ob sie auf ihn zählen könnte?
»Spätestens in einer halben Stunde«, erwiderte er. Der Rest wurde vom Wind verweht. Er bemerkte nur noch, daß Benoit, der letzte an der Haustür, ihn anstarrte, als ob er ihn irgendwo unterzubringen versuchte, während Viviana ihm den Weg zeigte.

Als er vor dem Anwalt Salnoiraghi saß, sah er immer noch Viviana vor sich, mit ihren braunen Augen, den roten Lippen und der ungeduldigen Bewegung, mit der sie die Haare zurückwarf. Er mußte sich zwingen, an den Zweck seines Besuchs zu denken.

»Was kann ich für Sie tun?« fragte der Anwalt höflich.
Aldara zeigte ihm die Schlüsseltasche, die er zwischen zwei Fingern pendeln ließ. »Das sind Ihre, hat man mir gesagt.«
Salnoiraghi antwortete nicht sofort; er ließ den Blick durchs Fenster nach draußen schweifen, als ob ihn das alles gar nicht interessierte. »Wo haben Sie sie gefunden?«
»Das wissen Sie nicht? Im Campo. Ich glaube, wir beide sind uns dort gestern abend in die Haare geraten.«
Der Anwalt lachte unbeteiligt, ohne sich zu verraten. Er machte eine träge, wenig überzeugende Bewegung, um nach der Schlüsseltasche zu greifen, und ließ es zu, daß Mario sie mit der gleichen Lässigkeit zurückzog. Er seufzte ergeben und trat an das Eckfenster. Er schien gefesselt von dem mittelalterlichen Bild, das sich ihm da draußen bot, ein bißchen manieriert und dunkel vom Staub.
»Sie sind sich klar darüber, daß Ihre Behauptung gegen meine steht«, sagte er, als ob er an etwas ganz anderes dächte, aber seine Stimme zitterte.
»Aber sicher«, erwiderte Aldara und starrte auf den Rücken des Anwalts. Er trug einen teuren Anzug wie ein Dressman, und die leichte Krümmung der Wirbelsäule, die man bei einem weniger eleganten Mann für einen Bandscheibenschaden gehalten hätte, wirkte bei ihm geradezu anmutig.
»Daraus folgt«, sprach Salnoiraghi in den Wind, »daß Sie nichts haben, womit Sie mich erpressen können.«
»Warum sollte ich Sie erpressen?«
Der Anwalt drehte sich rasch um und sah ihn ernst an, wie ein Lehrer, der zu seinem Leidwesen gezwungen ist, seinen Lieblingsschüler zu tadeln. Der obere Teil seines Gesichts sah aus wie aus glänzendem Marmor. Der untere schien sich jeden Augenblick aufzulösen. »Also, was wollen Sie? Einen Finderlohn?«
»Weil Sie spioniert haben?«
Salnoiraghi hob die Augenbrauen. »Ich? Wie kommen Sie auf die Idee, ich hätte spioniert?«
»Nun, was haben Sie im Campo getan? Frische Luft geschnappt? Warum sind Sie fortgelaufen? Warum haben Sie mich angegriffen? Warum . . .«
»Das ist meine Sache«, sagte der andere kühl.

Gut. Mit einer gewissen Erleichterung stellte Aldara fest, daß er nichts dagegen einzuwenden hatte. Er warf die Schlüssel auf den Schreibtisch und stand ebenfalls auf. »Niemand kann Sie zwingen, wenn Sie es nicht sagen wollen«, räumte er ein. Er wartete einen Augenblick, dann sagte er: »Auf Wiedersehen.«
Salnoiraghi sah ihn wortlos an. Er wartete auf den letzten Angriff, einen Schuß aus dem Hinterhalt. Aber er irrte sich. Mario hatte schon die Türklinke in der Hand. Der Anwalt wirkte ehrlich überrascht. Er sah aus, als ob er sich seit fünfzehn Stunden mit starren Muskeln und gespannten Nerven darauf vorbereitet hätte, das Tor gegen die Sarazenen zu verteidigen. Da der Angriff ausblieb, gab das Tor aus Mangel an Widerstand leicht nach, und Salnoiraghi stolperte ins Leere.
»Sie wissen«, sagte er mit zitternder Stimme, »daß ich nichts Ungesetzliches tue. Sie dagegen haben sich unzüchtiger Handlungen in der Öffentlichkeit und der Verführung Minderjähriger schuldig gemacht.« Er holte Luft. »Und die Minderjährige ist die Verlobte eines wichtigen Mannes.«
Aldara war jeder Regung unfähig und sah ihn seinerseits erstaunt an.
Mit einer Art von schnaubendem Schluchzen fuhr Salnoiraghi fort: »Und deshalb bin ich es, der sehr ernste Schritte unternehmen kann. Sie haben nicht das Recht, hierherzukommen und mich zu bedrohen . . .«
»Ich?« sagte Aldara verblüfft.
»Sie. Noch schlimmer sogar, Sie verurteilen mich aus der Höhe Ihrer angeblichen Normalität. Vielleicht glauben Sie, besser als ich zu sein, mit Ihrem geschmacklosen, langweiligen Sexualleben.«
»Mit meinem . . .?«
»Hören Sie zu, ich habe nichts Böses getan mit . . . Ich könnte keine Ameise zertreten. Ich helfe jedem, wenn ich kann. Ich unterstütze meine Schwester . . .« Der untere Teil des glänzenden Marmors begann zu zucken. Salnoiraghi schluchzte, und zwei Tränen begannen zu beiden Seiten der Nase herabzurinnen.
»Aber, aber«, sagte Aldara verlegen.
Der andere schüttelte den Kopf und schluchzte weiter. »Das ist nicht gerecht. Das ist nicht gerecht. Was habe ich denn Böses

getan?«
»Das weiß ich nicht«, sagte Mario. Und sehr leise: »Ich will es auch nicht wissen.«
Der andere wischte sich mit der Hand die Augen und schniefte. »Ich habe Ihnen und Patrizia gestern nicht nachspioniert«, sagte er mit einem Seufzer.
»Ach, wirklich nicht?«
»Ich gehe oft zum Campo, zwei- bis dreimal in der Woche.« Die Stimme war immer noch ein bißchen hoch, aber sie näherte sich wieder ihrem normalen Tonfall. Der Anwalt starrte auf die glänzende Schlüsseltasche, als ob er in ihr eigenes Bild sah. »Ich beobachte die Liebespaare.« Herausfordernd sah er Mario an.
»Ach so«, sagte Aldara.
Aber der Damm, in dreißig Jahren unterhöhlt von Konflikten, Selbstvorwürfen und Gewissensbissen, brach zusammen. Wie üblich versuchte Salnoiraghi mit einem Anflug von Hochmut seiner abnormen Veranlagung ein Motiv zu geben.
Jetzt endlich flossen ihm die Worte rasch und unüberlegt von den Lippen. Das Flußbett füllte sich. Er bat nicht mehr um Nachsicht, sondern um Bewunderung. Zugegeben, er hatte ein abnormes Sexualleben geführt, aber viel gefühlvoller, viel facettenreicher, viel ausgefüllter als das der anderen Leute. Und er bemerkte kein Nachlassen mit dem Alter, im Gegenteil. Je geringer seine körperliche Beteiligung war, desto anspruchsvoller und befriedigender wurde seine Rolle als Zuschauer. Er war um die halbe Welt gereist, von Kopenhagen nach San Francisco und nach Tokio, um die launischen Spielarten der Pornographie kennenzulernen. Wohlverstanden, ohne einen Blick für alte Schlösser und typische Sehenswürdigkeiten. Aber er kannte alle intimen Nachtklubs, geheimen Theater und verschwiegenen Kinos.
Er kannte den brennenden Forscherdrang, die Geduld, Ausdauer und Intuition des Archäologen oder des Spitzenwissenschaftlers. Und da er von Natur ein einsamer Forscher war, gaben ihm die leichten Entdeckungen der Massen nichts, die völlig von der Werbung beherrscht wurden und häufig auf einen halben Betrug hinausliefen. Es war das Herauslocken der versteckten Beute, was ihn anzog.
»In dreißigjähriger Forschung«, sagte er ernst, »habe ich hun-

derttausend Kilometer zurückgelegt und über zehn Millionen Lire ausgegeben. Ich habe ein gut verstecktes, wertvolles Archiv. Ich glaube, auf diesem Gebiet bin ich eine italienische, wenn nicht eine europäische Autorität. Schön, wollen Sie mir glauben? Und ich habe nie etwas gefunden, was an den Campo heranreicht, nur drei Kilometer von hier.«

Mit der unersättlichen Gier des Sammlers hatte er im Verlauf dieser dreißig Jahre nicht nur alle möglichen Ausschweifungen, normale und perverse, beobachtet, sondern auch das allmähliche oder stürmische Entstehen und Vergehen einer Unzahl von Liebschaften. Er kannte die Schenkel und Brüste praktisch aller Frauen der Stadt zwischen fünfzehn und sechzig.

Aber nicht von Viviana, flehte Aldara verzweifelt.

Und nicht nur die Schenkel und Brüste, denn sein Privattheater im Campo war ein Spiegel der Welt, und er, Salnoiraghi, im Fell des einsamen Wolfes, verzehrt von seinen schändlichen Leidenschaften, war der Beobachter der Welt.

»Ich habe nie eine Frau berührt«, sagte er mit leuchtenden Augen. »Aber ich kenne sie besser als irgendein Psychiater. Ich habe gesehen, wie sie spielen und heucheln und ihre Partner tauschen und von neuem mit ihrem Spiel und ihren Lügen beginnen, bis sie plötzlich leiden, wenn die Wahrheit herauskommt. Ich kenne die Technik der Verteidigung, der Erregung, der Versprechungen ohne Zugeständnisse, die echte Hingabe, das Schielen auf eine Ehe . . . Alle die Gleichnisse menschlicher Beziehungen.«

Der Mister Hyde in Salnoiraghi war, wie die meisten Mister Hydes, sehr viel weniger ausgeglichen als Doktor Jekyll. Nach dreißig Jahren der Gefangenschaft drängte er in die Freiheit, nutzte den ersten Riß im Deich und trat über die Ufer mit der Gewalt eines reißenden Stromes.

»Ich bin ein Narr«, sagte er und unterbrach seinen Redefluß. »Und ich besitze den klaren Verstand und die Weisheit der Narren.«

»Ich fürchte, ich habe Ihnen gestern abend eine Enttäuschung bereitet«, sagte Mario, um das Schweigen zu brechen.

Der andere machte eine großmütige Geste, ein Mittelding zwischen Segen und Vergebung. Immer noch ein bißchen benommen

und unsicher auf den Beinen, wie nach einer fieberhaften Krankheit, war Salnoiraghi ihm gegenüber milde gestimmt.
»Meine Schuld, ich habe mich zu weit vorgewagt, wie ein Anfänger. Ich sehe nachts nicht mehr sehr gut, und deshalb gehe ich zu nahe heran. Dazu kam die Überraschung wegen Patrizia, die mich unvorsichtig machte. Ich hatte lange auf sie gewartet und fing schon an, die Hoffnung aufzugeben.«
»Aber Sie haben Patrizia im Campo gesehen?«
»Zwei- oder dreimal, aber sie ist nicht – sehr weit gegangen.«
»Rosa dagegen war Stammgast«, murmelte Aldara unsicher.
»Rosa?«
»Das Zimmermädchen vom *Clementi*.«
»Ach die. Um die kümmere ich mich seit Jahren kaum noch. Rosa ist beinahe eine Professionelle. Jedesmal wenn sie zum Campo kommt, hat sie einen anderen Partner. Sie sind aus allen Gesellschaftsschichten und Altersstufen. Aber das Spiel ist immer das gleiche, sehr ermüdend. Denn Sie müssen wissen, daß es im Gegensatz zur allgemeinen Ansicht die Frau ist, die der sexuellen Beziehung ihr Gepräge gibt. Dem Mann genügt es im allgemeinen, auf die eine oder andere Weise zur Sache zu kommen.«
»Rosa war also nicht interessant.«
»Nein, wirklich nicht. Ich verschwende keine Zeit mehr mit ihr. Nur gestern . . .« Er brach ab und biß sich in die Unterlippe. Sein gekräuseltes Kinn ließ ihn wie ein Kind aussehen.
»Gestern . . .«, sagte Mario unwillkürlich.
»Nichts. Ich erinnere mich nicht . . .« Mister Hyde verschwand im Abgrund, und schlagartig tauchte Doktor Jekyll auf. »Sie interessieren sich für ein Mädchen wie Rosa?«
»Ja.«
»Warum?«
»Sie ist tot.«
»Rosa? Wie ist das geschehen?«
»Ein Unfall. Sie ist in der Badewanne ausgerutscht.«
Salnoiraghi sah ihn ernst an und suchte nach einer Falle, aber er fand keine. »Und weiter?«
»Ich weiß nicht. Da Sie sie genannt haben . . .«
»Sie haben sie genannt.«
»Das stimmt. Als Sie so plötzlich abbrachen, wurde ich neugie-

rig. Was hat Rosa auf ihrem alten Schlachtfeld Ungewöhnliches getan, fünf Stunden vor ihrem Tod?«
»Nichts«, sagte Salnoiraghi. »Sie hat nichts getan. Sie hat nicht einmal geliebt. Das ist sehr ungewöhnlich.«
»Was tat sie?«
»Dr. Aldara«, sagte der Anwalt. Es klang, als ob er mit den Füßen in einem lockeren Sandhaufen steckte. »Sie sind sich klar darüber, daß Sie von mir verlangen, etwas wie eine Art Berufsgeheimnis zu verletzen.«
»Herr Anwalt, Sie haben mit mir gesprochen wie mit einer Art Beichtvater. Ich bin verschwiegen, das versichere ich Ihnen, aber mit allen Ausnahmen, die für das Beichtgeheimnis gelten.«
Für den Anwalt hätte es den plötzlichen Abbruch jeder Betätigung im Campo bedeuten können, trotz möglicher Proteste, Dementis und Verleumdungsklagen. Und das war für ihn einfach unvorstellbar.
Er sah ihn verschmitzt an. »Ich könnte Ihnen irgendeine Lüge auftischen. Sie könnten es nicht beweisen.«
»Das ist klar. Aber warum? Würden Sie etwas damit gewinnen?«
Das war der Punkt. Salnoiraghi befand sich in einer unangenehmen Situation, in der ihm all seine Schlauheit nichts half. Manchmal, sehr selten, ging er ein Wagnis ein, aber immer mit Aussicht auf einen Gewinn. Und hier hatte er nichts zu gewinnen, aber vielleicht etwas zu verlieren.
»Als ich sah, daß es Rosa war, wollte ich gehen. Aber ich hatte bemerkt, daß der Wagen ein neuer Maserati war, mit einem Kennzeichen aus Rom. Und Rosa hatte niemals Kunden in dieser Preislage. Dazu kommt die Tatsache, daß sie offenbar nicht die Absicht hatten, sich zu lieben.«
»Aber was taten sie?« Langsam, langsam, sagte sich Aldara, der seine eigene Neugier zu verwünschen begann. Im wichtigsten Augenblick drängte er immer zu sehr.
»Sie redeten, und zwar sehr angeregt. Rosa redete. Sie wirkte aufgeregt. Wenn ich das stumme Bild deuten soll, würde ich sagen, sie wollte ihm etwas verkaufen.«
Jetzt habe ich es, dachte Aldara, und sein Magen verkrampfte sich. Ich bin über den Mörder gestolpert. Er hatte den Wunsch, wie ein Verrückter umherzuspringen.

7

Als er aus der Barockvilla kam, hob er den Blick zu der Mansarde, von der aus Rosa die Aufnahme gemacht hatte; als ob er erwartete, sie am Fenster auftauchen zu sehen. Ihn überlief ein Schauder.
Er sah sich um, weil er fürchtete, daß Patrizia noch auf ihn wartete, aber der Platz an der Kreuzung war leer, und mit einem leisen Gefühl der Verlorenheit merkte er, daß ihn das störte.
Salnoiraghi hatte ihm das Kennzeichen des Maserati gegeben, Roma 24680, das war wie eine Visitenkarte. Und damit war seine billige Mission wirklich beendet. Eine Anfrage bei der Autozulassungsstelle würde die Identität des Mörders enthüllen. Und er war bereit zu wetten, daß der Fall nichts mit Politik zu tun hatte und das Ministerium sich deshalb für die Angelegenheit nicht interessierte.
Aber warum mußte er immer noch an Viviana denken, oder noch schlimmer, an Patrizia? Warum fuhr er nicht sofort nach Rom zurück? Im Grunde genommen war auch er immer ein Beobachter des großen Theaters gewesen, seit mehr als zwanzig Jahren, aber auf noch abwegigere und lasterhaftere Weise als Salnoiraghi. Es war ein bißchen spät, jetzt noch ein Kostüm anzulegen und auf die Bühne zu springen. Er spielte nur für sich, seine Schallplatten, seine unvollendeten Bilder, seine halbfertigen Zukunftsromane und all das sinnlose Zeug, das sein Heim füllte.
Er gönnte sich eine Pause und betrat die Bar, wie unter einem Zwang. Aber auch hier war Patrizia nicht. Was erwartete er von einer nicht einmal sehr erfahrenen Hure?
»Einen Kaffee, sehr stark bitte.«
Er fragte sich, ob sich seine lange, verzweifelte Liebe – aber gab es die wirklich, war sie nicht nur eingebildet? – mit dieser sinnlosen Enttäuschung vereinbaren ließ. Ihn beunruhigte die Möglichkeit, plötzlich und unerwartet vor Patrizia zu stehen, denn obwohl das erst dreimal geschehen war, hatte sie ihn schon verdorben. Vielleicht hätte er, bevor er zu Salnoiraghi ging, mit ihr sprechen sollen. Aber was? Für ihn zählte das Mädchen nicht. Was zählte, war weit weg. Aber während er immer an Viviana gedacht hatte, war er über die andere gestolpert, ohne es zu mer-

ken, und er war ihren Lockungen erlegen. Jetzt wußte er nicht mehr, für welche er sich entscheiden sollte.
Ich fahre ab, wiederholte er sich immer wieder, und dem Ministerium sage ich gar nichts. Ob der Mann mit dem Maserati es getan hat, interessiert mich überhaupt nicht.
Inzwischen war er fast unbewußt in einen anderen Hof gegangen, hatte eine andere, noch düsterere Treppe erstiegen und stand vor der Tür des Wohltätigkeitsinstituts.
Ich fahre ab, wiederholte er unsicher und betrachtete mit mäßigem Interesse das Türschild. Die Tür wurde von innen geöffnet, und ein großes, mageres, häßliches Mädchen traf für ihn die Entscheidung. Ihre Augen, die durch dicke Brillengläser verzerrt waren, sahen ihn neugierig an, und sie hielt ihm die Tür auf und zwang ihn so zum Eintreten, bevor sie weiterging.
Vor ihm lagen zwei finstere, unfreundliche Räume. Die Möbel, offensichtlich milde Gaben, hatten ein ehrwürdiges Alter, aber trotzdem wirkten sie irgendwie verkommen. Vor den Fenstern erhob sich in kaum vier Meter Entfernung die Mauer des Nachbarhauses. Im zweiten Zimmer, das etwas größer war, legte Viviana eine Patience, während sie auf ihn wartete. Die eine Wand war vom Boden bis zur Decke mit einem Riesenposter bedeckt. Ein asiatisches Kind, vermutlich aus Vietnam, lächelte dankbar zu einer Rotkreuzschwester hinauf, die ihm eine Schale mit Milch reichte. Hinter ihnen war eine Gruppe von Frauen, alt und gebrechlich, die, wie man sich vorstellen konnte, diese bewegende Geste menschlicher Solidarität mit Beifall bedachten. Das Foto war technisch zu gut und zu modern, um zu der vernachlässigten und verwahrlosten Umgebung zu passen; wie ein Minirock an den Hüften einer würdigen alten Dame mit Krampfadern.
Um so mehr leuchtete Viviana in einem dunklen Kostüm hinter ihrem Schreibtisch in strahlender Schönheit.
»Wie du siehst, werfen wir kein Geld hinaus«, sagte sie und sammelte nachlässig die Karten ein.
»Auch nicht für die Wohltätigkeit?«
»Doch, wenn es uns gelingt. Wir haben großen Mangel an armen Leuten und unehelichen Müttern.«
»Weil sie sich vorher umbringen?«
Sie warf ihm einen raschen Blick zu. »Hast du die schreckliche

Geschichte gelesen? Mit dreizehn Jahren.« Ihr Gesicht war glatt wie Porzellan.
»In der Zeitung stand nicht, daß sie schwanger war.«
»Das wissen hier fast alle.« Sie ließ den Blick durchs Zimmer wandern, um dem seinen auszuweichen.
»Weißt du auch, wer der Schuldige ist?«
»Ich?« fragte sie mit leichter Entrüstung.
»Du hast immer noch das gleiche Parfüm.«
»Für dich«, sagte sie lachend, und Mario blieb die Luft weg. Mit zwei Silben hatte sie ihn wieder verzaubert. Er versuchte ganz unbefangen an Cesare Bonfigli zu denken, der schon begraben war. Der gewaltige Abstand, der den wirklichen Tod, ein totales Ereignis, von allem anderen unterscheidet, wurde ihm plötzlich mit aller Eindringlichkeit bewußt, aber inzwischen hatte ihn das etwas zu starke Parfüm um dreiundzwanzig Jahre zurückversetzt, und er fühlte einen leichten Schwindel.
Er saß wieder in seinem alten verbeulten Topolino im Campo. Er war achtzehn Jahre, sie fünfzehn, und das Fläschchen Parfüm war sein erstes Geschenk. In seinem Inneren erlebte er noch einmal die gleiche Tragödie. Vor Aufregung ließ Viviana das empfindliche Glasgefäß fallen, es zerbrach und erfüllte das Innere des Wagens mit dem Duft des starken und billigen Parfüms.
War es möglich, daß er sich mit solcher Deutlichkeit an jenen Augenblick erinnerte, der sie aus einer unvorstellbaren Freude, die ihre Augen zum Leuchten brachte, in eine noch unfaßbarere Verzweiflung stürzte? Dann hatte Mario fast eine halbe Stunde gebraucht, um sie zu beruhigen und ihr zu erklären, daß er ihr ein zweites, noch teureres Fläschchen kaufen würde. Um sie zu trösten, hatte er sie auf das Gesicht geküßt, und dann tiefer auf den Hals, dann hatte er den Ausschnitt ihrer Bluse geöffnet, und endlich hatten sie sich geliebt, unbequem und verkrampft auf den engen Autositzen. Aber sie drückte ihre spitzen Fingernägel in seine Schultern, zitternd und keuchend und stöhnend; trotz ihrer fünfzehn Jahre war ihr Sex mehr als Lust, es war der Stolz, sich hinzugeben.
An jenem Abend trat das Pathos zum erstenmal zwischen sie, mit der sexuellen Ekstase, mit dem schrecklichen Geruch des Parfüms und mit dem Geschmack ihrer Tränen auf seiner Zunge. Der

Geruchssinn ist der erinnerungsfähigste aller Sinne, die anderen werden von ihm angeregt, ein vollständiges Mosaik mit allen Einzelheiten aufzubauen. Das Gesicht war das der heutigen Viviana, aber der Körper war jung und gehörte ihm. Für einen Augenblick erlebte er wieder jenes schmerzende Glück, aber er konnte es nicht halten, und er erschrak bei dem Gedanken an die Ewigkeit, von der es ein Teil war. Er wußte, daß für ihn nichts anderes wichtig war.
»Bist du danach ein bißchen glücklich gewesen? Es ist eine sinnlose Frage, aber ich möchte es wissen.«
Sie lächelte traurig. »Ein bißchen. Im Lauf der Jahre gleicht sich alles mehr oder weniger aus.«
»Sicher«, bestätigte Aldara leise.
Sie legte ihre Hand auf die seinige, die auf der Schreibtischplatte lag. »In den ersten Monaten allerdings habe ich nur geweint. Auch heute noch möchte ich gern weinen, ist das nicht dumm?«
Er hätte ihr gern geglaubt, aber er hatte sich genügend kritischen Sinn bewahrt, um zu vermuten, daß sie mit der Zeit eine gute Lügnerin geworden war. Er nahm seine ganze Willenskraft zusammen, und es gelang ihm, die Hand zurückzuziehen. Zur Tarnung zündete er eine Zigarette an.
»Pietro hat dich gebeten, Nachforschungen über den Tod meines Mannes anzustellen«, sagte sie. »Aber du hast abgelehnt. Trotzdem bist du nicht abgefahren, warum?«
»Hör zu, ganz gegen meinen Willen, nur um etwas zu tun. Seit zwanzig Jahren habe ich mich kaum bewegt. Manchmal schaudere ich bei dem Gedanken an all die Dinge, die ich nicht getan habe.«
»Durch meine Schuld«, sagte Viviana. Aldara nickte bestätigend.
»Durch meine Schuld«, wiederholte sie hinter ihrer geheimnisvollen Maske aus chinesischem Porzellan. »Es ist ganz natürlich. Und gerecht. Denn ich wollte dir sagen, daß du am Ende deiner Nachforschungen auf mich stoßen wirst. Ich glaube allerdings, daß du das schon gemerkt hast.«
Ich muß hier fort, bevor sie weiterspricht.
»Willst du sagen – willst du mir einreden, daß du deinen Mann umgebracht hast? Das glaube ich nicht.«
»Das habe ich nicht gesagt. Ich sagte . . .«

»Dein Liebhaber?« Sie sah ihn an mit ihren großen nußfarbenen Samtaugen in dem blassen Gesicht. Sie zuckte mit keiner Wimper.
»Hast du einen Liebhaber, Viviana?«
»Willst du, daß ich dir antworte?«
»Nein«, sagte er verzweifelt. Er erklärte es sich damit, daß er kein Recht hatte, sie danach zu fragen. Manchen gelang es nie, ihre traumatischen Erlebnisse zu vergessen, und andere gingen einfach ihren Weg. Er wartete immer noch auf sie und hatte ein gewisses Besitzergefühl, nur weil sie sich in ihrer Jugend geliebt und ewige Treue geschworen hatten. Sie aber hatte sich um zwanzig Jahre von ihm entfernt. Die Erinnerung an ihn mußte verblaßt sein. Das war schrecklich, unmenschlich, bitter und unbegreiflich.
Er stand auf und sagte: »Was kann ich für dich tun?«
»Ich weiß nicht. Wenn du den Wunsch hast, dich zu rächen – das ist ein Recht, das nicht verfällt.« Sie nagte an der Lippe. »Du bist nahe dran.«
»Glaubst du das wirklich?«
Sie zuckte die Achseln. »Ich weiß nicht. Ich wollte etwas sagen, aber jetzt klingt es falsch. Es klingt, als ob ich dich kaufen wollte.«
»Sag das nicht«, bat er mit trockenen Lippen. Viviana lächelte, und er dachte, daß er ihr nie etwas Böses antun könnte.

Bradolin hatte sein Hauptquartier im *Clementi* in einer Ecke aufgeschlagen, die man mit einigem Vorbehalt ›Halle‹ hätte nennen können. Es bestand aus zwei Tischen und sieben Sesseln im fortgeschrittenen Stadium des Verfalls.
Er forderte Aldara auf, sich zu setzen, und verkündete finster, daß sie keinerlei Fortschritte gemacht hätten. Das Mädchen war anscheinend gegen zehn Uhr abends gestorben. Bradolin hielt nicht viel von den Feststellungen der Ärzte, aber sie war gegen neun in ihr Zimmer gegangen, und seitdem hatte sie niemand mehr gesehen. Natürlich bestand die theoretische Möglichkeit, daß sie ein Bad nehmen wollte und ohnmächtig wurde. Das würde mit großer Wahrscheinlichkeit der Ermittlungsrichter in seinem Urteil sagen.

»Wenn sie ohnmächtig geworden ist«, sagte Aldara, »müßte sich das feststellen lassen. Wenn auf keine andere Weise, dann durch Wasser in der Lunge.«
»Sie kann auch beim Sturz mit dem Kopf angeschlagen und daran gestorben sein. Andererseits kann sie auch jemand bewußtlos geschlagen und dann ertränkt haben. Das Wasser in der Lunge beweist gar nichts. Drücken wir es klar aus: Nur wir beide wissen, daß sie ermordet wurde, durch jenen Anruf und durch den Fotoapparat, den du gefunden hast. Es ist die gleiche Technik, die bei Bonfigli benutzt wurde. Ein Todesfall, der ein Unfall gewesen sein könnte, und kurz danach beeilt sich jemand, offenbar nicht der Mörder, dich auf die richtige Spur zu bringen.«
Sie sahen sich schweigend an. Bradolin schien gekränkt vom Leben. Oder vielleicht glänzte in seinen graublauen Augen ein Schimmer von Angst. »Nehmen wir an, es steht fest, daß sie ermordet wurde. Die Alte saß am Empfang.« Er deutete auf die Clementi, die wie erstarrt hinter ihrem Pult saß. »Sie beschwört, daß nach neun nur drei Gäste gekommen sind. Sie kamen alle von auswärts, kein Stammkunde dabei. Sie sind praktisch unverdächtig.«
»Du drehst dich im Kreis«, sagte Aldara. »Es führt zu nichts, wenn du die Annahme nicht aufgibst, daß der Tod des Mädchens mit dem von Bonfigli zu tun hat.«
»Danke! Also die erste Annahme: Der Mörder ist durch die Küche gekommen. Zweite Annahme: Es war Rosa, die ihm geöffnet hat. Drittens: Wir sind wieder am Ausgangspunkt. Es kann jeder gewesen sein.«
»Hatte Rosa einen Hauptschlüssel für die Zimmer?«
»Ich weiß nicht. Ich nehme es an.« Bradolin warf ihm einen neugierigen Blick zu. »Warum?«
»Nur so eine Idee.« Er reckte sich. Er mußte aufpassen, daß er nicht zuviel redete. Rosa hatte den Mörder durch den Personaleingang eingelassen, weil sie ihn erwartete. Der Unbekannte hatte sie wahrscheinlich im Flur oder in der Mansarde getötet oder bewußtlos geschlagen und dann in Aldaras Bad gebracht. Jedenfalls war er Bradolin um einen Schritt voraus. Er wußte, daß das Verbrechen mit einem doppelten Ziel begangen worden war – eine Erpresserin zu beseitigen und ihm die Schuld zuzuschie-

ben. Warum gerade ihm? Hier lag vielleicht der Schlüssel für alles. »Wenn du dich rächen willst, das ist ein Recht, das nicht verfällt«, hatte Viviana gesagt.
»Kann ich nach Rom zurückfahren?«
»Du kannst tun, was du willst«, sagte Bradolin gereizt. »Du Glücklicher. Ich bin es, der dir ein Alibi gibt. Als du ins Hotel zurückkamst, war das Mädchen schon tot.«
So ein verdammter Idiot. Daran hatte der Mörder nicht gedacht. Er fragte sich, wieviel dumme Fehler dieser Art er bei seinen komplizierten Plänen begangen haben mochte. Die vollkommene Intelligenz ist eine literarische Theorie. Hier herrschte das Gesetz des Irrtums.
»Du verschwindest also«, sagte Bradolin und blätterte in einem Aktenstück auf dem wackeligen Tisch, »und überläßt mir die Partie. Wie ein Pokerspieler, der mehr Angst vor dem Verlieren als Freude am Gewinnen hat.«
»Weil ich nicht sehe, auf welche Weise ich gewinnen könnte.« Der andere sah ihn zerstreut an. Mario stand langsam auf. Er war müde und sagte leise: »*Ciao,* viel Glück.«
»Wer steckt hinter Viviana?« fragte Bradolin noch leiser.
»Niemand.«
»Wer hat dir das gesagt?«
»Viviana.«
»Ach so.« Er versuchte ihm zu erklären, daß jeder nur das glaubt, was ihm paßt, und der Rest läuft ab wie Wasser an den Federn einer Ente. Auch er war müde.
»*Ciao*«, sagte er und drehte sich um.

Die Tür zu seinem Zimmer war nicht abgeschlossen, aber vielleicht hatte er es vergessen. Er trat ein und dachte, daß er in diesen beiden Tagen, alles in allem genommen, eine gute Schlacht gewonnen hatte gegen die finsteren Kräfte, die ihn wieder in die Vergangenheit zu zerren drohten. Jetzt war er geheilt, und nichts konnte ihn an der sofortigen Abreise hindern.
Er blieb ruckartig stehen und hatte nicht einmal Zeit, seine Gedanken zu bremsen.
Patrizia lag hingestreckt quer auf dem noch ungemachten Bett. Ihr Kopf hing nach unten, so daß die Haare den Teppich streiften.

Die halboffenen Augen waren starr, und die Zunge hing seitlich zum Mund heraus. Die Arme waren ausgebreitet und die Finger graziös abgebogen, jeder einzeln, wie in einer gezierten Geste. Jemand hatte ihr mit einem leuchtend violetten Schal die Kehle zugeschnürt.

Viviana hatte Morlacchis Hypothesen glatt abgelehnt, aber mit einer sanften Geduld, wie bei einem Kind, das sich nicht waschen lassen will. Sie hatte die Leiche nicht gesehen, aber niemand hatte den geringsten Zweifel gehabt, angefangen bei Dr. Moroni, der ihn gut kannte.

»War er nicht entstellt?« fragte Professor Morlacchi hoffnungsvoll. »Sie haben ihn aus dem Fenster stürzen sehen und sofort angenommen, daß er es war. So haben sie ihn automatisch erkannt, ohne ihn genau anzusehen.«

Viviana schauderte und kauerte sich auf die Schlafcouch. »Pietro hat ihn gesehen, meine Schwiegermutter, der Avvocato Salnoiraghi, die Carabinieri . . .«

»Ich habe nicht den Eindruck, daß die hiesigen Carabinieri durch Scharfsinn und Diensteifer glänzen«, sagte er bitter.

»Willst du sagen, daß man dich schon hätte verhaften müssen? Oder vielleicht mich?« Vivianas Augen waren wie zwei Quellen, in denen sich die Blumen eines Alpengartens spiegelten. Morlacchi senkte den Blick.

»Nehmen wir an, daß jemand deinen Mann belasten konnte oder ihn erpreßte . . .«

»Vielleicht ein vergessener Schmetterlingsraub?«

»Irgend etwas, was wir jetzt noch nicht wissen können. Dein Mann will sich des Erpressers entledigen und sucht einen Sündenbock. Wen? Mich.«

»Wenn es einen Menschen auf der Welt gab, der nicht erpreßt werden konnte, dann war es Cesare. Er hatte keine Geliebte, keine . . .«

»Wer hat das gesagt?«

»Er konnte keine Geliebte haben.«

»Vom physiologischen Standpunkt war er in einem Zustand, der gewisse sexuelle Beziehungen zuließ.«

Viviana starrte ihn mit großen Augen und offenem Mund an.

»Woher weißt du das?«
»Ich habe ihn untersucht. Hat er dir das nicht gesagt? Wenn er impotent war, dann hatte das psychische Ursachen, keine physischen, und vielleicht hat es sich nur zwischen euch beiden ausgewirkt. Die Welt ist voll von Männern, die bei ihren Ehefrauen wie nasse Waschlappen sind, und bei anderen führen sie sich auf wie Stiere.«
»Cesare nicht. Er lebte nur für seine Schmetterlinge und die *Mulini*, und er war den ganzen Tag unter Aufsicht, Sekunde für Sekunde. Wenn er ein Verhältnis gehabt hätte, so hätte man es gewußt.«
»Aber über dich weiß doch . . .«
»Über mich weiß man sehr gut Bescheid, Liebster, täusche dich nicht. Und vielleicht weiß auch jemand, wer du bist. Aber wenn Cesare eine solche Komödie aufgeführt hätte, dann hätte er sich nicht eine Stunde in der Stadt halten können. Alle kennen ihn. Und außerdem, wie hätte er jenes Mädchen töten können?«
Morlacchi zuckte verärgert die Achseln. Er war inzwischen überzeugt, daß seine schöne Theorie auf schwachen Füßen stand. Aber in gewissem Sinne gab er Viviana die Schuld, die ihm Knüppel zwischen die Beine warf, statt ihm zu helfen. Er betrachtete den Whisky im Glas, der durch den geschmolzenen Eiswürfel trübe geworden war, und dachte, daß in seinem Kopf etwas Ähnliches stattgefunden haben mußte. Viviana sah ihn ruhig an, mit dem Anflug eines Lächelns auf den Lippen. Sie war zu ruhig, zu selbstsicher.
Wieder fiel ihm ein, daß er nichts von ihr wußte. Nur daß sie sehr schön war und in der Liebe ein Übermaß an Dramatik entwickelte, als ob sie möglichst viel von der verschwendeten Zeit zurückgewinnen wollte, und kurz danach fiel sie wieder in jene satte Zufriedenheit zurück, wie eine Kuh auf der Weide. Er fragte sich, bis zu welchem Punkt sie diese Unerschütterlichkeit als Schutzschild benutzte.
Was er auch für Theorien über die beiden Todesfälle aufstellte, warum lehnte sie es ab, sich dazu zu äußern?
Viviana gab einen geduldigen Seufzer von sich, als ob sie ihn gehört hätte. »Meiner Ansicht nach waren beides Unfälle.«
»Nein. Schau, das ist nicht möglich. Dein Mann könnte theore-

tisch wirklich aus dem Fenster gefallen sein. Aber dieses Mädchen nicht. Sie hat mich erpreßt.«
»Sie kann doch einen Unfall gehabt haben.«
»In meinem Badezimmer?«
»Sie wurde nicht in deinem Badezimmer, sondern in ihrer Mansarde gefunden.«
»Offenbar hat sie mein Zimmernachbar dorthin gebracht. Ich habe sie in seine Wanne gelegt.«
»Und irgend jemand kann sie in deine Wanne gelegt haben. Warum nicht?«
Kaum anzunehmen, dachte Morlacchi und stellte sich vor, wie Rosas Leiche ständig von einem Ort zum anderen geschleppt wurde. »Es ist klar, daß sie jemand in meine Wanne gelegt hat. Um den Verdacht auf mich zu lenken.«
»Das ist nicht gesagt. Du zum Beispiel wolltest nicht den Verdacht auf deinen Nachbarn lenken, sondern sie nur loswerden. Rosa ließ sich oft mit Gästen des Hotels ein. Man kann sich vorstellen, daß sie danach manchmal den Wunsch hatte, ein Bad zu nehmen. Nehmen wir an, dabei wurde ihr schlecht, und sie starb. Und nehmen wir weiter an, ihr Zufallsbekannter hatte Angst vor einem Skandal, wie du, und . . .«
»Bist du dir klar, daß mich das Mädchen zwei Tage vorher fotografiert hat, als ich aus dem Büro deines Mannes kam?«
»Das könnte ein Zufall sein.« Sie seufzte unsicher. »Die Welt ist voll von unglaublichen Zufällen.«
»Sicher, aber man sollte auch nicht übertreiben.«
Viviana gab keine Antwort. Sie lehnte sich zurück und nahm ihr Whiskyglas und eine Handvoll Erdnüsse.
Morlacchi war zu dem einzigen Zweck gekommen, seine Theorie zu erhärten, aber auch diesmal begann er abzuschweifen. Trotz der Mordgeschichten hatten sie sich in vier Tagen dreimal geliebt, und jetzt verwandelte sich Vivianas Körper in ein verführerisches Relief, der Rock war verrutscht, und mit ihm glitt der Schatten der goldenen Schenkel immer weiter nach oben. Während sie langsam kaute, bewegten sich alle Muskeln ihres Gesichts, was irgendwie lasziv wirkte, und von den Erdnüssen waren auf ihren Lippen vier oder fünf Salzkörner zurückgeblieben, die glänzten wie Diamantsplitter.

Das tut sie absichtlich, dachte Morlacchi und beugte sich zu ihr. Sie will mir zeigen, daß sie die Stärkere ist. Sie hat völlig recht. Mit einer langsamen, fast statischen Bewegung faßte er sie an den Hüften und zog sie nach unten. Viviana packte ihn an den Haaren und zog seinen Mund an ihre Lippen. Sie hatten gerade den richtigen Salzgeschmack.
Morlacchi hatte ihre Beziehung immer sehr befriedigend gefunden, wie eine Zigarre nach dem Essen, ein Glas Portwein am Kamin, eine Partie Bridge mit guten Spielern; etwas, das man mitnimmt, weil es dumm wäre, zu verzichten, was man aber läßt, wenn es seinen Reiz verliert.
Und jetzt hat sie mich vergiftet, wie mit Rauschgift, dachte er süchtig. Mir ist völlig egal, ob sie die Morde begangen hat. Ich liebe sie.

8

Das erste Erwachen des Bewußtseins nach einer endlosen Zeit des Entsetzens löste eine große grünblaue Fliege aus, die in kleinen Stößen verzweifelt gegen die Fensterscheibe stieß. Aldara merkte, daß er vom Kopf bis zu den Zehen in Schweiß gebadet war und keine Luft bekam.
Jetzt habe ich einen Infarkt, dachte er. Um so besser, so hatte ich es immer gewollt, und er fiel neben dem Bett auf die Knie, weil seine Beine ihn nicht mehr trugen.
Es sah aus, als ob Patrizia ihn aus halbgeschlossenen Augen beobachtete. Sie ruhte friedlich in einer beinahe zu theatralischen Stellung. Ihre Farbe war normal, und es gab keine Anzeichen von Würgemalen, als ob der Tod ihr ihre Schönheit hatte lassen wollen. Es sah aus, als ob sie atmete.
Ich muß irgend etwas tun, dachte Aldara. Wiederbelebungsversuche, um Hilfe rufen, oder wenigstens ohnmächtig werden. Mein Gott, warum? Warum gerade sie?
»Ich hatte es tun wollen, wirklich, ich schwöre, aber ich mußte einfach dein Gesicht sehen«, sagte Patrizia aufgeregt, während sie sich aufrichtete und mit einem Seufzer den Knoten des Schals

löste. »Uff! Ich wollte mich wirklich erdrosseln. Der Kummer beim Sterben ist nur, daß man die Gesichter der anderen nicht sehen kann.«
Sie sah seinen Gesichtsausdruck und fügte schwach hinzu: »Habe ich dich erschreckt? Das tut mir leid, wirklich, aber ich mußte einfach wissen, wie du reagierst.«
»Jetzt kriegst du eine Ohrfeige«, sagte er wütend.
»Die habe ich verdient.« Sie drehte sich auf dem Bett um und hielt ihm ihr zerknirschtes Gesicht hin.
Aldara fühlte sich stark versucht, aber dann ließ er es doch. Im Grunde hatte er immer etwas Angst vor Patrizia. »Was wir gestern abend getan haben«, sagte er statt dessen, aus alter Gewohnheit bemüht, seine Gefühle nicht zu zeigen, »gibt dir nicht das Recht, Trauer von mir zu erwarten.«
»Du bist ganz naßgeschwitzt.« Sie machte eine zärtliche Bewegung, der er nur zum Teil ausweichen konnte. »Du bist wirklich bei ihr gewesen? Ich habe dich vom Fenster aus gesehen. Es ist schön hier, man kann vom Fenster aus sehen, was alle tun. Du konntest nicht anders, oder? Nein, sag nichts, ich weiß, daß du nicht anders konntest. Und mich hast du heute morgen nicht einmal gegrüßt. Ich hatte auf dich gewartet, aber du wolltest mit dem Kopf durch die Wand, wie diese Fliege da. Was erhoffst du dir? Daß sie dir wieder in die Arme fällt? Jetzt, nachdem Cesare tot ist?«
Unter dieser Lawine von Fragen schüttelte Aldara den Kopf, obwohl sie seine Unruhe und seinen Zorn besänftigten. »Ich reise ab. Ich fahre morgen nach Rom zurück.«
»Ach, das alte Lied! Wie oft hast du das in den beiden letzten Tagen gesagt?«
»Jetzt bin ich wirklich fertig.«
»Womit fertig? Alles falsch zu machen?« fragte sie leise.
Er gab keine Antwort. Er öffnete den Koffer und warf seine Sachen hinein, und mit einem Gefühl der Langeweile erwartete er, daß sie wieder anfing, aber sie sagte nichts. Endlich drehte er sich etwas erstaunt um. Sie sah ihn stolz an, die Arme verschränkt, die langen Beine ausgestreckt, ein verächtliches Lächeln auf den Lippen und den Schal um die Schulter geschlungen wie ein Bürgermeister.

»Mir macht es nichts aus, alles falsch zu machen«, sagte er. »Wirst du das begreifen?«
»Nein. Hör zu, ich habe mich vor drei Jahren in dich verliebt«, erwiderte sie geduldig. »Und du bist der erste Mann, in den ich mich verliebt habe.«
»Ich bitte dich. Vor drei Jahren . . .«
»Ich hörte von deiner Geschichte mit Viviana. Ich fand sie sehr schön. Ganz anders als die, die sich in meinem Sumpf abspielen. Als ich dich neulich nachts auf der Piazza sah, wußte ich, daß nur du es sein konntest, und mein Herz machte einen Sprung. Ich dachte, du bist im letzten Augenblick gekommen, um mich herauszuholen.«
»Laß mich das machen«, sagte er wütend und schob sie vom Koffer fort.
»Ich liebe dich«, erklärte sie entschlossen. »Aber ich würde dir nicht zwanzig Jahre treu bleiben, wenn du fortgehst. Das wäre unmenschlich.«
»Und ich . . .«
»Du auch. Ich gefalle dir besser als sie, aber du hast nicht den Mut es zuzugeben.«
»Wir wollen keinen Unsinn reden.«
»Nein?«
Aldara sah auf den Koffer und dachte, daß das alles unwichtig war. Was zählte, war weit weg. Aber er spürte ein leichtes Schwindelgefühl.
»Und wenn du Viviana noch liebst«, fuhr Patrizia fort, »warum läufst du dann fort und läßt sie mit ihren Schwierigkeiten allein? Hast du Angst vor der Wahrheit?«
»Viviana hat nichts mit dem Tod von Cesare zu tun.«
»Genau das meine ich.«
»Und woher weißt du das?«
»Ich weiß es eben. Und du?«
»Hör zu, so kommen wir nicht weiter.«
»Doch, wir kommen weiter; du hast Angst, den Liebhaber von Viviana zu entdecken. Deshalb willst du fort.«
»Viviana hat keinen Liebhaber«, sagte er verärgert. »Sie hat keinen Liebhaber. Das ist eine Lüge.«
»Wer hat dir das gesagt? Sie? Sie hat gelächelt, sehr züchtig, und

gesagt, ›Ich bin eine anständige Frau . . .‹.«
»Ich kenne sie gut.«
»Heiliger Himmel!« rief sie verzweifelt. »So ein Idiot.«
»Wie du meinst. Ich bin ein starrsinniger Kerl, der sich nicht hineinziehen lassen will. Und weiter? Ihr dagegen seid eine verschworene Gemeinschaft, ihr haßt eure Langeweile bis auf den Tod und verleumdet euch gegenseitig, und dann macht ihr gemeinsam Front gegen . . .«
»Und wenn ich dich mit der Nase auf Vivianas Liebhaber stoße?«
»Das interessiert mich nicht.«
»Aber warum? Warum glaubst du, daß er der Mörder ist und durch ihn auch Viviana hineingezogen wird? Ist dir noch nie in den Kopf gekommen, daß die Wahrheit ganz anders sein könnte und daß ihr, wenn ihr zusammenlegt, was du entdeckt hast und was er weiß, vielleicht erheblich klarer sehen würdet?«
Er versuchte herauszufinden, was sich hinter diesem Schwall von Andeutungen und Verdächtigungen versteckte, die ihn wie Rauch einhüllten, aber das war nicht leicht. »Wäre es nicht einfacher«, erwiderte er mit dem Gefühl, in einem labilen Gleichgewicht zu schweben, »wenn du mir sagtest, wer der Mörder ist?«
»Das weiß ich nicht.«
»Oder du willst es nicht sagen?« Er wartete einen Augenblick, aber sie blieb stumm, ihre Lippen waren verschlossen.
Er warf einen wehmütigen Blick auf den Koffer und seufzte. »Wo befindet sich denn dieser Herr?«
»Wer?«
»Der Liebhaber von Viviana.«
Jetzt lachte sie. Dann hörte sie auf zu lachen und gab ihm einen Kuß auf den Hals, als ob sie sich für ein kostbares Geschenk bedanken wollte. Und wieder lachend sagte sie: »Seit Jahren wird Viviana von allen beobachtet, aber noch niemand hat diesen Herrn entdecken können. Warum? Weil sie nur selten ausgeht, sie verläßt fast nie die Stadt und steht fast immer mehr oder weniger unter Beobachtung. Sie hat nur eine einzige Tätigkeit, die ihr für ein paar Stunden eine gewisse Freiheit erlaubt.«
»Was für eine?«
»Die Wohltätigkeit, du Idiot«, sagte sie zärtlich und küßte ihn.

Und wirklich, als sie hinter dem Häuserblock vorbeifuhren, in dem sich das Wohltätigkeitsinstitut befand, sah Mario einen Maserati mit dem Kennzeichen Roma 24680, halb versteckt hinter einem Mauervorsprung, trotzdem auffällig wie ein Trompetenstoß bei Nacht.
Hinter dem Wagen führte eine Gasse an dem Institut vorbei zur Hauptstraße, an der die Vorderfront des Hauses lag. Es befand sich am Scheitelpunkt eines gleichseitigen Dreiecks, kaum zweitausend Quadratmeter groß, und an den anderen beiden Ecken befanden sich der Palazzo Bonfigli und das Hotel *Clementi*.
Und alle diese Vorfälle, die Todesfälle, Liebschaften, Erpressungen, Intrigen und dunklen Machenschaften hatten sich innerhalb dieses Dreiecks abgespielt, und vielleicht war es kein Zufall, daß ziemlich genau in seiner Mitte die Praxis von Dr. Moroni lag.
Mario hatte ein unbehagliches Gefühl, als ob eine bedrückende und unerfreuliche Wahrheit in seinem Inneren aufstieg und an die Schwelle seines Bewußtseins klopfte. Er mußte seine ganze Willenskraft aufbringen, um die Hand zum Klingelknopf des Instituts zu heben. Patrizia fiel ihm hastig in den Arm.
»Bist du verrückt? Das ist das Alarmsignal. Er würde auf der anderen Seite verschwinden. Es gibt noch einen Hinterausgang.«
Sie hatte schon angefangen, mit einer Nagelfeile an dem Schloß zu arbeiten. »Es wird nicht schwer sein«, sagte sie und nagte an den Lippen. »Es ist ein altes Schloß.«
»Was du da tust, ist ein bißchen illegal.«
»Zwei Menschen umbringen ist auch illegal«, erwiderte sie, während das Schloß mit einem knirschenden Geräusch nachgab.
Sie traten ein. Die beiden Zimmer waren leer und feindselig, als ob sie sich gegen die Eindringlinge wehren wollten.
»Aber sie müssen hier sein. Natürlich, es gibt keine andere Erklärung«, sagte Patrizia leise mit gerunzelten Augenbrauen.
»Wo? Unter dem Schreibtisch?«
»Willst du nun endlich leben oder dich wieder in deiner Höhle verstecken?«
Mich wieder verstecken.
Aber das war jetzt schwierig. Ihn trieb eine brennende Neugier, die stärker war als sein Wille. Er sah sich um. Zwei Fenster, kein Balkon. Die Wände waren glatt, mit verblichenen Tapeten

bedeckt, ohne Risse.

Jetzt suchen wir die Geheimtür, dachte Aldara, und plötzlich begriff er, daß er auf dem richtigen Weg war. Hinter dem Palazzo, wenige Meter von dem Maserati entfernt, hatte er eine halboffene Tür gesehen. Wahrscheinlich gab es zwei Treppen, die nicht miteinander verbunden waren, und auf jedem Treppenabsatz gab es eine Wand, die die Wohnungen voneinander trennte.

Und hinten in dem zweiten Zimmer bedeckte jenes Riesenfoto mit der edlen Szene menschlicher Solidarität die halbe Wand vom Boden bis zur Decke. Es paßte in den altertümlichen Raum wie ein Saxophon in ein Concerto grosso von Vivaldi, aber es war gut geeignet, eine Tür zu verstecken.

Er versuchte das Foto zu bewegen, erst nach links und dann nach rechts, und beim zweiten Versuch, nach einem schwachen Widerstand durch einen inneren Riegel, fühlte er, wie es sich in einem gut geölten Scharnier drehte, und genau hinter dem Foto war eine angelehnte Tür.

Aldara warf einen Blick auf Patrizia und schob sie mit angehaltenem Atem hinein. Auf der anderen Seite befand sich ein großer, geschmackvoll eingerichteter Raum mit intimer Beleuchtung. In der hinteren Ecke stand eine mit Fellen bedeckte Doppelcouch. Auf den Fellen lag Viviana, nackt, und umarmte einen ebenfalls nackten Unbekannten.

»Ich bitte um Entschuldigung«, sagte Aldara heiser.

Jetzt wußte er, was man bei einer Geburt fühlte. Dieser plötzliche Übergang aus einer geborgenen Wärme in die Kälte. Dieses Abreißen des ständigen Nahrungsflusses. Dieser Sturz aus einem flüssigen Element, in dem man sich fast gewichtslos fühlt, in die Außenwelt. Diese traumatische Aufgabe, zu sehen, zu hören, zu riechen. Und nachdem man schon ganz auf sich allein gestellt ist, auch noch diese Mühe, Sauerstoff zum Atmen zu beschaffen, die Notwendigkeit, Entschlüsse zu fassen. Er mußte etwas sagen.

»Das wollte ich nicht«, murmelte er.

Viviana hatte sich mit einem Fell bedeckt und den Blick starr auf Patrizia gerichtet. Der Mann war hinter die Couch gesprungen und versuchte hastig in einen hochmodernen, weiß und rot gestreiften Slip zu schlüpfen, wobei er vom einen Fuß auf den

anderen hüpfte.
»Lieben Sie sie?« fragte Mario.
»Das ist doch wohl offensichtlich, junger Mann«, sagte der hüpfende Morlacchi.
»Sicher.«
»Weniger offensichtlich ist, was Sie und diese junge Dame hier tun.«
»Das ist Professor Morlacchi«, stellte Viviana mit einem Seufzer vor. »Patrizia, die Braut meines Schwagers. Architekt Aldara, Professor Morlacchi.«
»Sehr angenehm«, sagten beide Männer gleichzeitig und mit dem selben gleichgültigen Tonfall. Patrizia hatte sich in einen Sessel fallen lassen und streckte die Hand nach der Whiskyflasche aus.
Es herrschte einen Augenblick Stille, als ob sich alle über die Situation klarwerden wollten. Aldara fühlte sich benommen im Kopf und weich in den Knien, wie unter einem Schock. Mehr als die Szene, die er vor sich sah, berührte ihn dieses neue, überraschende Doppelleben von Viviana. Diese wohlüberlegte Wahl der beiden Wohnungen mit getrennten Treppen, die durch diese Geheimtür miteinander verbunden waren. Die erste, mit ihrem Anstand, ihrer Würde, ihrer Wohltätigkeit, blickte, für alle sichtbar, auf die Hauptstraße der Stadt. Die zweite befand sich an der Rückseite des Palazzo in einer kleinen Gasse, sie war schlicht und bescheiden und vermutlich unter einem falschen Namen gemietet. Aber dann erwies sie sich in ihrer ganzen Pracht als ein raffiniert angelegtes und luxuriöses Liebesnest. Er fragte sich, mit welch spitzfindigen Ausreden es Viviana gelungen war, sie so einzurichten, ohne Verdacht zu erwecken, aber vermutlich war auch das ein Geheimnis, von dem viele wußten, das aber mit der gewohnten Komplizenschaft geduldet wurde.
Dann deutete Patrizia auf Morlacchi und fragte: »Ist das der Mann von dem Foto?«
Aldara tauchte mit einem kleinen Ruck wieder in der Gegenwart auf. »Es kann sein. Er war nicht gut zu erkennen. Und ohne Kleider sieht er anders aus.«
»Ohne Kleider sieht jeder anders aus«, warf Morlacchi trocken ein, während er in seine Hose schlüpfte. Er konnte sich nicht entscheiden, ob er seine nackten Füße in die Mokassins zwängen

sollte, mit dem Risiko auf halbem Weg steckenzubleiben, oder ob er sich der wenig angenehmen Mühe unterziehen sollte, erst die Strümpfe anzuziehen. Diese Verlegenheit half ihm über die noch größere hinweg, daß man ihn entdeckt hatte.

Aber wieso ein Architekt und eine zukünftige Schwägerin? Viviana war ihm keine Hilfe. Sie schien völlig in Gedanken versunken.

»Du kannst ihm alles erklären«, sagte sie endlich. »Auf Mario kann man sich verlassen.«

Sie ist so unerschütterlich selbstsicher, dachte Aldara. »Ich habe gesehen, was ich wissen wollte«, sagte er und tat, als ob er gehen wollte. Dann stützte er sich blindlings auf irgend etwas, vielleicht ein Trumeau. Die beiden Verbrechen hatte er vergessen.

»Einen Augenblick«, sagte Morlacchi, um Zeit zu gewinnen. »Wenn wir einen Familienrat abhalten müssen, ist klar, daß mindestens einer von uns nicht ungeschoren davonkommt. Ich glaube, daß der Schuldige hier ist – einer von uns.«

»Jedenfalls«, sagte Viviana und zog sich zerstreut das Fell über den Busen, »wird Mario niemandem etwas sagen.«

Ihre Stimme klang, als ob sie ihre Niederlage eingesehen hätte. Morlacchi warf ihr einen raschen Blick zu, und mit leichtem Zorn sah er bestätigt, was er in der Nacht vorher vermutet hatte. Nur war Viviana jetzt bereit, sich der Wahrheit zu stellen, weil sie zu diesem eher etwas blassen jungen Mann aus irgendeinem Grund absolutes Vertrauen hatte. Und die Wahrheit war für sie, daß er, Morlacchi, Cesare und das Mädchen aus Liebe zu ihr auf geheimnisvolle Weise umgebracht hatte. Deshalb ihr hartnäckiges Schweigen, ihre ausweichenden Antworten, ihr Zögern, über die Beweise zu sprechen. Viviana war überzeugt, daß er der Mörder war, und das hatte sie bis jetzt nicht zugeben wollen. Daraus folgte, daß sie unschuldig war, und alles fing wieder von vorn an.

Jetzt hatte er endlich den Mut, die Frage auszusprechen, die er ihr noch nicht gestellt hatte. »Du hast mich am Samstag früher als gewöhnlich fortgeschickt. Du sagtest, du hättest etwas Unvorhergesehenes zu erledigen, aber du sagtest nicht, um was es sich handelte.«

»Nein? Meine Schwägerin Bianca war am Freitag abend angekommen, zur Generalversammlung der *Mulini,* und sie wollte unbedingt mit mir sprechen.«

»Worüber?«

Viviana konzentrierte sich einen Augenblick, ein ungewöhnliches Ereignis. Dann sagte sie langsam: »Ich weiß nicht. Wenn ich darüber nachdenke, haben wir über nichts gesprochen. Wir hatten uns ein paar Monate nicht gesehen – und so haben wir angefangen zu schwatzen, über Gott und die Welt. Dann kam die Nachricht wegen Cesare . . .«

»Bianca?« Morlacchis zerzauster Kopf erschien in der Kragenöffnung seines blauen Hemdes. »Ist das nicht die, die ständig Geldsorgen hat?«

»Ja, ich glaube. Sie hat sich einen Luxusmann gekauft und kann ihn kaum ernähren.«

»Gut«, sagte Morlacchi entschlossen und wandte sich an Aldara. »Ich weiß nicht, wer Sie sind . . .«

»Fragen Sie Viviana.«

»Wie auch immer, die Sache hat sich folgendermaßen entwickelt: In der vergangenen Woche kam ihr Ehemann in meine Praxis – ich bin Arzt – und sagte, daß er an manischen Depressionen leidet . . .«

Bianca öffnete die letzte Schublade von Cesares Schreibtisch. Sie hatte fast unbewußt damit angefangen, um sich des Eindrucks zu erwehren, daß ihr alles zwischen den Fingern entglitt. Dann, ganz allmählich, wie sich ein Gas zu einer Flüssigkeit und dann zu einem kaum noch veränderbaren festen Körper verdichtet, der endlich eine wirkliche, konkrete Form annimmt, war in ihrem Inneren eine Hoffnung entstanden, die immer weiter wuchs und sich widerspruchslos in ihrem Kopf festsetzte.

Jetzt grub sie sich in diesen verstaubten Schubladen durch Cesares Privatleben. Herzlich wenig fand sie, wenn sie in dem Geisteszustand gewesen wäre, um sich allgemeinen Betrachtungen hinzugeben. Ganz unten lag seine Promotionsurkunde, dann ein paar alte Notizbücher mit Kostenaufzeichnungen, Ferienbriefe von Viviana, und seine eigenen aus Monte Carlo. Zwei Kopien eines Berichts von einem Entomologenkongreß; ein Briefwechsel mit einem amerikanischen Professor über eine schwer klassifizierbare Schmetterlingsart; fast unkenntliche vergilbte Fotos; ein

Militärrevolver, wahrscheinlich ungeladen und dem ganzen Aussehen nach eher harmlos. Sonst nichts.

Und doch mußte das, was sie suchte, hier zu finden sein. Es gab keinen Tresor im Haus, weil die Familie offenbar keine Geheimnisse hatte, die ängstlich gehütet werden mußten. Ganz unten in der Schublade, fast unter der Staubschicht verborgen, tauchte ein grünes Notizbuch auf. Sie zuckte zusammen, aber die Aufregung ließ nach, als sie sah, daß es von 1949 war.

Die Schmetterlinge hinter den Glasscheiben blickten sie an wie erstaunte und empörte Augen in sämtlichen Farben, aber Bianca war bereits jenseits von Gut und Böse, denn Benoit war nach der Versammlung bei Salnoiraghi zu ihr sehr höflich gewesen, ein unmißverständliches Zeichen.

Das war erst zweimal in der Vergangenheit vorgekommen. Als es von jener Amerikanerin in St. Raphaël hieß, sie sei Milliardärin – zum Glück nur ein Mißverständnis –, und als Cesare ihr einen weiteren Vorschuß auf ihren Gewinnanteil ausschlagen wollte, sich aber dann doch noch hatte umstimmen lassen. Seit Bianca ihn geheiratet hatte, gab ihr nichts ein solches Gefühl von Sicherheit und Geborgenheit wie die Kränkungen und Angriffe ihres Gatten.

Jetzt lag ihre einzige Möglichkeit, ihr Schicksal zu wenden, in diesen vier halbleeren Schubladen verborgen, dessen war sie gewiß. Aber es wollte sich nichts finden lassen.

»Was machst du da?« fragte Benoit an der Tür mit einer Art freundlich gelassener Neugier.

Sie ließ das Notizbuch fallen und schob die Schublade mit dem Knie zu, bevor ihr einfiel, daß die Gegenwart ihres Mannes keine Gefahr bedeutete.

»Cesare hatte ein Konto in der Schweiz, in Zürich«, sagte sie rasch. »Es müßten fast zwei Milliarden Lire sein. Im allgemeinen laufen diese Konten nicht unter dem Namen, verstehst du? Es sind Nummernkonten, damit sie nicht kontrolliert werden können.« Benoit warf ihr einen beiläufigen Blick zu, der mildes Interesse ausdrückte. Sie biß sich auf die Lippen und fuhr fort: »Ich glaube, wer die Nummer kennt und sie bei der Bank vorlegt, kann das Geld abheben. Es genügt, daß man als erster da ist, verstehst du?«

Sie sah ihn ängstlich an, in der Hoffnung, ihn wieder an sich zu binden, wenn auch nur für ein paar Tage. Dann sah sie ein, daß die Sache auch von seinem Standpunkt aus wenig glaubwürdig klang. Sie wartete auf eine bissige Beleidigung, die aber ausblieb.
»Man könnte es immerhin versuchen«, sagte Benoit und schürzte die Lippen. »Aber ich glaube nicht, daß die Sache so einfach ist. Jedoch, wenn du sie hast, versuch es nur. Im schlimmsten Fall stehst du als Schwindlerin da.«
Er zuckte die Achseln und verließ ohne Eile das Zimmer.

»Dann waren Sie es also«, sagte Aldara, »der Rosa in mein Zimmer gelegt hat.«
»Ich mußte schnell handeln«, erklärte Morlacchi. »Und Ihr Zimmer war das nächste. Aber Sie haben sie nach oben gebracht.«
»Ja. Ich halte nämlich nichts davon, Leute hineinzuziehen, die nichts damit zu tun haben.«
»Das ist etwas anderes. Ich wußte nicht, wo Rosas Zimmer war. Dann mußte ich schnellstens von der Bildfläche verschwinden. Jemand besteht darauf, mich zu einem Paket zu verschnüren und für dreißig Jahre ins Gefängnis zu schicken. Er leistet ganze Arbeit, ich verstehe nur nicht, warum.«
Einige Sekunden lang sagte niemand etwas, und die Stille wirkte fast anomal. Aldara fragte sich, was eigentlich fehlte, und dann wurde es ihm klar – der Wind war eingeschlafen.
Patrizia betrachtete mit nachdenklich gerunzelter Stirn ihr Whiskyglas gegen das Licht. Viviana streckte seufzend den Arm aus, um eine Zigarette zu nehmen. Ihre rechte Brust wurde neben dem verrutschten Fell sichtbar, was blitzartig die Augen der beiden Männer anzog. Mit einer langsamen Bewegung deckte sie sich zu und sagte: »Wenn jemand den Verdacht der Polizei auf dich zu lenken sucht, kann dieser Jemand nur ich sein. Ich bin hier die einzige Person, die dich kennt.«
Morlacchi sah sie schweigend an.
»Das stimmt nicht«, sagte Aldara. »Ich meine, es stimmt nicht, daß jemand den Verdacht auf ihn lenken will. An Cesares Händen und Jacke wurden zwei oder drei lange Frauenhaare gefunden.«
»Woher weißt du das?«

»Von Moroni. Er hat als erster die Leiche untersucht. Er sagte, er hat sie Maresciallo Bradolin gegeben. Aber Bradolin weigert sich, etwas zu unternehmen.«
»Warum?« fragte Morlacchi gespannt.
Aldara zuckte die Achseln. Die Erklärung war ihm zu lang.
»Also Haare von mir«, sagte Viviana.
»Oder von mir«, warf Patrizia ein. »Wir haben fast die gleiche Farbe.«
»Meine sind gefärbt, Schatz. Ich wäre sonst grau.«
»Stellen wir eine Arbeitshypothese auf«, schlug Aldara vor. »Was hier in den letzten Tagen geschah, ist völlig konfus und widersprüchlich. Wenn wir nicht von einem festen Punkt ausgehen, wird es uns nie gelingen, etwas zu begreifen.«
»Es gibt zwei feste Punkte«, sagte Morlacchi bitter. »Cesare und Rosa.«
»Ja, aber die helfen uns nicht weiter. Versuchen wir von der Annahme auszugehen, daß Ihre Geschichte, so unglaubwürdig sie klingt, wahr ist.«
»Sie sind sehr freundlich, junger Mann.«
»Nur eine Hypothese.« Er warf einen Blick auf Patrizia, aber sie hörte ihm nicht zu. Bleich und versonnen war sie immer noch in die Betrachtung ihres Whiskys versunken. »Also, am vergangenen Dienstag erschien Cesare als Patient in Ihrer Praxis. Er schien keinerlei Mißtrauen gegen Sie zu haben.«
»Nein, überhaupt nicht.«
»Er sagte Ihnen, er fühlte einen unwiderstehlichen Drang, sich zu töten. Könnte er gelogen haben?«
»Aber sicher. Warum nicht?«
»Das heißt, ein Arzt kann nicht feststellen, ob ein Patient wirklich an der Krankheit leidet, über die er sich beklagt.«
»Nicht immer. Bonfigli hat sich nicht über eine Krankheit beklagt, sondern nur die Symptome genannt. Die Diagnose habe ich gestellt.«
»Aber die Symptome könnten erfunden gewesen sein?«
»Natürlich. Sie waren alle subjektiv. Meiner Ansicht nach hat er sie erfunden.«
»Sehr gut. Am Samstag schickte Viviana Sie früher fort als sonst, ohne Ihnen einen Grund zu nennen.«

»Ich habe sie nicht gefragt.«
»Nun, inzwischen wissen wir, daß sie eine Verabredung mit ihrer Schwägerin hatte. Eine nutzlose Verabredung. Sie gehen enttäuscht fort und haben unerwartet viel Zeit vor sich. Da treffen Sie plötzlich Bonfigli. Glauben Sie, er hat auf Sie gewartet?«
»Nein, ich glaube nicht. Ich weiß es aber nicht, es könnte natürlich sein.«
»Cesare ist aufgeregt, er schleppt Sie in sein Büro, läßt Sie allein, schließt die Tür zu und stürzt sich anscheinend aus dem Fenster. Aber er schreit nicht beim Sturz, und das ist sonderbar. Moroni meint, daß Cesare, als er stürzte, schon tot oder wenigstens bewußtlos war.«
»Das ist unmöglich, da hätte ich etwas hören müssen. Einen Wortwechsel, einen Schlag, einen Schmerzensschrei, irgend etwas. Man kann einen Menschen nicht erschlagen, ohne das geringste Geräusch zu machen.«
»Sicher. Jedenfalls wurden an Cesares Leiche die Frauenhaare gefunden. Sie können von Viviana oder von Patrizia sein, oder von sonst wem. Aber es bleibt die merkwürdige Tatsache, daß Rosa in ihrem Zimmer im *Clementi* mit einem Teleobjektiv bereitsteht, um Sie zu fotografieren, während Sie aus dem Tor gestürzt kommen. Leider hat sie den falschen Augenblick gewählt, und Ihr Gesicht ist nicht zu erkennen.«
»Was heißt hier ›leider‹?« fragte Morlacchi.
»Vom Standpunkt des Mörders, der Cesare Bonfigli zu sein scheint. Man könnte sagen, Cesare hatte alles so eingerichtet, daß der Verdacht auf Sie und durch Sie auf Viviana fiel. Und bis hierher geht alles nach Plan, so abwegig er auch scheint. Rosa muß seine Helferin gewesen sein. Aber dann geschieht etwas, was der Mörder nicht voraussehen konnte. Bradolin hat keinerlei Eile, die Nachforschungen voranzutreiben, und daher droht der ganze Plan zum Teufel zu gehen. Jetzt tötet der Mörder auch Rosa, schafft die Leiche in Ihr Zimmer und versucht, Bradolin durch einen anonymen Anruf zum Handeln zu zwingen. Sie jedoch haben inzwischen beschlossen abzureisen und beseitigen Rosas Leiche. Durch ein neues Mißgeschick – immer noch vom Standpunkt des Mörders – steht Ihr Name nicht im Gästebuch des Hotels. Die Clementi hat das Zimmer inzwischen wieder ver-

mietet und Ihren Namen ausradiert, um Steuern zu sparen. So hat auch diesmal der Mörder sein Ziel nicht erreicht. Wenn wir ihn nicht aufhalten können, ist fast sicher, daß er wiederkommt und sich bemerkbar macht.«

»Hallo«, rief Morlacchi und sprang auf. »Auf welche Weise?«

»Das wissen wir nicht. Vielleicht geht er diesmal zum direkten Angriff über und versucht, sein wirkliches Opfer zu beseitigen. Meiner Ansicht nach hat er es auf einen von Ihnen beiden abgesehen. Wahrscheinlich sind Sie nur ein vorgeschobenes Ziel. Sein wirkliches Opfer ist Viviana. Es ist schwer vorstellbar, daß jemand von hier ein Interesse daran hat oder Sie so sehr haßt, daß er Sie töten will.«

»Glaubst du, daß mich jemand hassen könnte? So sehr?« fragte Viviana.

»Vielleicht spielt Haß gar keine Rolle.«

»Einen Augenblick«, sagte Morlacchi. »Ich habe eine Theorie. Wenn der erste Tote gar nicht Bonfigli war?«

»Einen Augenblick«, rief Aldara gleichzeitig. Er beugte sich vor. »Sie haben Cesare doch gekannt, oder?«

»Ich?« Morlacchi sah sich mit erstaunten Augen und weit offenem Mund im Kreis um.

»Heiliger Himmel!« rief Viviana und richtete sich in sitzende Stellung auf. Ihre stolz gewölbte Brust wurde wieder neben dem Fell sichtbar, aber diesmal schien es niemand zu bemerken.

Patrizia wandte die Augen rasch zu Aldara, aber nur die Augen. Sie leerte ihr Whiskyglas mit einem Schluck und schauderte sichtlich.

Dann schlug sich Professor Morlacchi mit der Faust auf den Schenkel und sagte nachdrücklich mit leiser Stimme: »Ich Esel! Idiotisch! Nehmen wir also an, der Mann, der zu mir in die Praxis kam, war gar nicht Cesare, dann stehen wir wieder am Anfang. Es kann irgend jemand gewesen sein.«

»Halt, nein! Nicht irgend jemand. Ein Mann, ja. Ein Mann, der Viviana so nahe ist, daß er Ihre Liebschaft entdeckt hat. Der ein Interesse daran hatte, zuerst Cesare zu erledigen, und dann Sie, Professor, und durch Sie wahrscheinlich Viviana. Und darüber hinaus ein Mann, der Cesare in gewisser Weise ähneln muß. Weil Sie, als Sie das Foto von Cesare sahen, das allerdings sehr alt und

nicht sehr scharf war, den Unterschied nicht bemerkten.«
»Pietro«, keuchte Viviana.
»Offensichtlich, Pietro.«
Patrizia war die erste, die reagierte. Sie tat einen langen Seufzer, als ob sie endlich ihr Ziel erreicht hätte. Mit einer symbolischen Geste zog sie den brillantbesetzten Verlobungsring vom Finger und ließ ihn in ihre Handtasche fallen.
»Ich war sicher, daß du es warst«, sagte Viviana, den Tränen nahe. »Ich wußte nicht warum, aber ich sah keine andere Erklärung. Dein Bericht über Cesare war so unglaubwürdig. Ich wollte nicht daran denken – und auch nicht mit dir darüber sprechen. Ich wollte es nicht wissen, verstehst du? Entschuldige.« Sie streckte die Arme aus, um Morlacchi an sich zu ziehen.
Nein, das nicht, das ertrage ich nicht, dachte Aldara verzweifelt, aber zum Glück klingelte in diesem Augenblick das Telefon. Sie alle zuckten zusammen. Viviana beugte sich vor, um den Hörer abzunehmen, dann hielt sie inne und warf den anderen einen fragenden Blick zu.
»Wer könnte das sein?« fragte Aldara.
»Irgend jemand. Dies ist eine Nebenstelle des Apparats von drüben.« Sie hob den Hörer ab und sagte: »Hallo? Ja, ich bin es . . .« Mit verändertem Gesichtsausdruck gab sie ihnen ein Zeichen, sich still zu verhalten. Es war er.
Sie lauschte einen Augenblick und spielte mit dem Saum der Felldecke, den Blick starr auf Morlacchi gerichtet, aber ohne ihn zu sehen. Dann sagte sie, ja, wo er wolle, zu jeder Zeit. »Wo? Einverstanden, um halb acht. Einverstanden.«
Sie legte den Hörer auf und sagte leise: »Er macht sich Sorgen wegen Bianca. Er will mich sprechen.«
»Wo?«
»In unserem Obstgarten, gegen halb acht. Es ist dort sehr einsam.«
»Er hat sich wieder bemerkbar gemacht«, sagte Morlacchi.
»Aber er hat immer einen Bart gehabt, und Cesare nicht«, erklärte Patrizia mit hoher Stimme.
»Hatte der Mann, der zu Ihnen in die Praxis kam, einen Bart?« fragte Aldara, an Morlacchi gewandt.
»Nein.«

»Er hat ihn abrasiert, um Cesare zu ähneln. Jetzt trägt er einen falschen, bis der richtige wieder nachgewachsen ist.«

»Soll ich gehen?« fragte Viviana.

»Du bist wahnsinnig«, rief Morlacchi empört. »Was glaubst du, was er da draußen beim Obstgarten um halb acht vorhat? Er wird dich mit dem Auto überfahren. Ich hole die Carabinieri. Diesmal wird es mir gelingen, sie in Bewegung zu setzen.«

»Nein, das ist nicht richtig«, sagte Patrizia mit leiser Stimme. »Ich weiß nicht warum, aber es ist nicht richtig. Man muß ihn vorher warnen.«

»Ihn warnen?«

»Ja. Ich habe ihn nie geliebt und aus vielen Gründen manches gegen ihn gehabt. Aber ich will nicht, daß die Carabinieri ihn verhaften, ohne daß er Gelegenheit hat ...«, sie wandte sich an Aldara in der Hoffnung, daß er sie verstand, »ohne daß er Gelegenheit hat, sich an den Gedanken zu gewöhnen, sich auf irgendeine Weise vorzubereiten. Ich werde ihn warnen.«

»Weißt du, wo er jetzt ist?«

»Ich ahne es«, sagte sie mit leiser Stimme.

»Wo?«

»Ich führe dich hin.«

»Nein, du bleibst hier.« Aldara merkte, daß er zum wahren Helden der ganzen Sache wurde. Unvorstellbar!

Aber Patrizia sorgte für eine kalte Dusche. »Glaubst du, er wird dir aufmachen? Du scheinst nicht der Typ zu sein, der Fenster oder Türen aufbricht; aber mir macht er auf.«

»Er muß vor halb acht herauskommen. Ich erwarte ihn draußen.«

»Verstehst du nicht, daß ich dabeisein muß? Nennen wir es eine Art Katharsis.«

Sie stand langsam auf und strich mit den langen Armen über ihre Hüften, als ob sie den Rock glätten wollte, dann ging sie sehr ruhig hinaus. Niemand versuchte sie aufzuhalten, und so kam Aldara, als er ihr folgte, zu einem weniger dramatischen Abgang.

»Du hast es gewußt«, sagte er im Auto nach langem Schweigen zu ihr.

»Ich fürchtete, er könnte es sein, aber ohne besonderen Grund. Ich konnte es nicht begreifen.«

»Und ich war nur ein Ersatz für dich.« Er fragte sich, warum sein Tonfall so bitter war. Das lag nicht in seiner Absicht.
»Ach, du . . .«, sagte sie und brach ab.
»Ja, ich?«
»Das ist schwer zu erklären. Bevor ich dich kannte, hast du mich schon aufgeregt wegen der Sache mit Viviana. Ich dachte, es ist wichtig im Leben, jemanden wie dich zu haben, auch weit weg. Es ist so – beruhigend, verstehst du? Und es war ungerecht, daß du Viviana gehörtest und nicht mir. Sie verdient dich nicht. Ich auch nicht, aber ich wollte wissen, ob ich fähig war, zu – ich weiß nicht, wie ich es erklären soll. Sagen wir, sie zu ersetzen. Gut. Nach allgemein verbreiteter Ansicht sollte das nicht schwer sein. Es müßte genügen, die Beine zu zeigen, mit dem Busen zu wakkeln und verführerisch zu lächeln.«
»Woher weißt du das?«
»Aus den Büchern, die ich gelesen, und den Filmen, die ich gesehen habe. Dann begriff ich, daß ich alles falsch gemacht hatte, aber da steckte ich schon mitten drin.«
»Du konntest aussteigen, wann du wolltest«, sagte er gereizt.
»Danke, sehr freundlich. Nein, du bist kein Ersatz, du bist mein dummer Versuch, mit dem Kopf durch die Wand zu rennen.« Sie biß sich auf die Lippen und nahm sich zusammen, um nicht noch mehr zu sagen.
Sie fuhren aus der Stadt hinaus. Mit dem Einschlafen des Windes war alles sehr still geworden, und das Land wirkte irgendwie künstlich. Die von den Bäumen gefallenen roten Blätter sahen wie aus Plastik aus. Der Himmel wirkte wie eine schlecht gestrichene Stahlplatte. Dann begann es zu regnen, nur zögernd, und alles bekam einen wehmütigen Herbstgeschmack.
»Du liebst ihn nicht?« fragte Aldara, um das Thema zu wechseln.
»Was glaubst du denn?«
»Du wolltest ihn heiraten.«
Sie zuckte die Achseln. Diese Ehe sollte nichts anderes sein als eine Art gegenseitiger Rückendeckung, auch wenn es nicht ausdrücklich abgemacht war. Für ihn war eine offizielle Ehefrau einfach zur Notwendigkeit geworden, und sie hatte kaum eine andere Wahl. Ein Mädchen wie sie paßte eigentlich nicht in diese Stadt, aber sie hatte nicht den Mut fortzugehen. Einmal fehlte ihr

das Geld und zum zweiten ein Motiv. In gewisser Weise war es die Ankunft von Aldara gewesen, die ihr das Gefühl gegeben hatte, daß es ihr gelingen könnte, auszubrechen.

»Und so gehe ich mit dir fort«, schloß sie ruhig.

»Mir ist nicht nach Scherzen zumute«, sagte er.

»Das habe ich in der ersten Nacht beschlossen, als ich dich vor der Praxis von Dr. Moroni sah.«

»Du bist verrückt.«

»Hast du Angst zu leiden?«

»Eine Rekonvaleszenz von zwanzig Jahren ist schon ziemlich lang. Ich will auf keinen Fall einen Rückfall haben, nachdem ich kaum geheilt bin.«

»Bist du geheilt, du Armer?« fragte sie spöttisch, aber auch etwas besorgt.

Bin ich geheilt? fragte er sich. Bin ich bereit, nach draußen zu gehen ins feindliche Leben? »Ich weiß es nicht. Vielleicht.«

»Wenn ich dir allerdings nicht gefalle, solltest du es mir wenigstens sagen.«

»Das ist es nicht. Zwischen uns ist ein Altersunterschied von fast fünfundzwanzig Jahren.«

»Jetzt ist es entschieden«, sagte sie befriedigt. »Ich komme mit dir nach Rom. Ich weiß nicht für wie lange. Wir müssen noch prüfen, ob wir uns wirklich mögen.«

»Hör zu, daran ist nicht zu denken«, sagte er heftig. Patrizia lachte und ließ sich gegen die Rückenlehne fallen.

»Weißt du, wohin wir fahren?«

»Ich glaube schon.«

Sie waren an dem zwischen den Hecken versteckten Weg angekommen. Aldara bog ein und lenkte den Wagen zu dem verlassenen Haus. »Ist es hier?« fragte er und stellte den Motor ab, bevor sie das Haus erreicht hatten.

Patrizia nickte. »Es ist das mieseste Bordell der Gegend. Hier hat mir einer vor sechs Jahren die Unschuld genommen.«

Auch sie war dreizehn gewesen, dachte Mario. Und zum erstenmal sah er sie, wie sie war, ein einsames, verängstigtes Mädchen. Er legte ihr einen Arm um die Schulter und küßte sie zärtlich auf die Wange, während er den Wagen vor die geschlossene Haustür rollen ließ.

Rechts stand ein taubenblauer Mercedes 300, gut versteckt im Schatten der beiden Kastanien. Einige Meter weiter saß neben einem Baumstamm friedfertig auf einem Stein eine Bäuerin mit Kuhaugen und glatt über die Schläfen gekämmten Haaren. Sie trug ihren Sonntagsstaat und hatte vor dem Regen Schutz gesucht. Sie sah die beiden ausdruckslos an.
Patrizia nickte der Frau zu, und Aldara folgte ihrem Beispiel. Er fühlte den gewohnten Drang zur Flucht und ein fast körperliches Widerstreben, in diese kleine private Hölle einzudringen, aber als er merkte, daß Patrizia sich in dem gleichen Gemütszustand befand, lächelte er ihr schwach zu.
Das Mädchen hielt die Luft an und klopfte mit den Knöcheln an die Tür. Zwei starke Schläge, dann ein schwächerer, und dann wieder zwei starke. Es dauerte ein paar Sekunden, dann hörten sie Pietros ungehaltene Stimme.
»Was ist?«
»Ich bin es, ich muß dich sprechen.«
»Was ist?«
»Es ist wichtig, mach auf.«
Man hörte, wie ein Riegel zurückgeschoben wurde, dann ging die Tür halb auf. Pietro schaute heraus, die Stirn ärgerlich gerunzelt, aber bevor er zu sprechen begann, sah er Aldara.
Er wurde etwas blaß, aber er schien nicht sehr überrascht. Seine Gesichtszüge entspannten sich wie durch Zauberei, und ganz allmählich nahm das Gesicht einen gelockerten Ausdruck an, wie er ihn wahrscheinlich seit Jahren nicht mehr gehabt hatte. Er war ernst und höflich und wirkte wie verjüngt.
»Kommt herein«, sagte er und trat zur Seite.
In einem Winkel des gräßlich modernen Zimmers beobachtete ein Mädchen von elf, zwölf Jahren die Eindringlinge ohne Neugier. Sie hatte gerötete Augen und schniefte in regelmäßigen Abständen durch die Nase hoch.
»Geh jetzt, Sandra«, sagte Pietro. »Geh zu deiner Mamma.«
»Wann soll ich wiederkommen?«
»Ich weiß nicht. Ich lasse es dir sagen.«
Sie alle sahen dem Kind nach, als es zum Ausgang ging und vorsichtig hinter sich die Tür schloß, dann nahm Pietro eine Zigarre aus einer eingelegten Holzkiste und zündete sie mit viel Behut-

samkeit an. Mit einer Handbewegung forderte er die beiden auf, es sich bequem zu machen, und setzte sich in einer Ecke in einen Sessel. Alles war sehr würdevoll, wahrscheinlich für alle Fälle rechtzeitig vorbereitet.

»Es gibt Leute, die haben einen Buckel, und es gibt Leute, die sind wie ich«, sagte er gesprächig. »Von außen sieht man nichts, aber alles, was drinnen falsch ist, hat die gleiche – ich möchte sagen Unausweichlichkeit wie ein Buckel. Womit kann ich dir dienen?«

»Ich möchte, daß du – daß du deinen Bart abnimmst.«

Pietro hob mit der typischen Bewegung die Hand zum Kinn, hielt inne, und führte die Bewegung nach kurzem Zögern zu Ende. »Aber warum? Es ist so lästig, ihn wieder richtig anzukleben. Vielleicht war das der mühsamste Teil der ganzen Geschichte.«

»Zwei Menschen umbringen nicht?«

»Nein, das würde ich nicht sagen. Natürlich muß man gewisse Hemmungen überwinden. Anfangs kommt es einem unmöglich vor, das heißt, man glaubt nicht, den Mut zur Ausführung der Tat aufzubringen. Aber dann, wenn man sich überzeugt hat, daß es die einzige Möglichkeit ist, wird alles ganz natürlich. Ich glaube, das sind uralte Instinkte. So war es beispielsweise bei Cesare viel leichter als bei Rosa. Das Motiv war eindeutiger.«

»Geld.«

Pietro nickte. »Geld. Wenn jemand so abartig veranlagt ist wie ich – man weiß nicht wieso und warum –, muß man sich damit abfinden, denn dagegen anzukämpfen ist sinnlos. Du darfst mir glauben, es ist unmöglich, den Trieb zu besiegen. Das weiß ich bestimmt.«

»Sicher. Wie Trunksucht, Rauschgiftsucht oder Spielerleidenschaft.«

»Oder wie einer, der sich einschließt und sich weigert weiterzumachen, weil eine Frau ihn verlassen hat.«

»Wie Sie meinen«, sagte Aldara verlegen.

»Und das bedeutet, daß moralische Überlegungen nicht den geringsten Wert haben. Wenn man sich selbst zu bekämpfen versucht, kann man nicht viel machen, weil man zum Schluß immer nur sich selbst findet. Ich bin es, der abartig ist, und kein anderer, der meine Abartigkeit zu bekämpfen sucht. Das sage ich nicht, um mich zu rechtfertigen. Ich will es zu erklären versuchen. Ohne diese Kinder, zwölf, höchstens dreizehn Jahre alt, kann ich nicht leben. Ich habe rasch entdeckt, daß das eine unumstößliche Gewißheit ist. Ich habe nur zwei Möglichkeiten: sie in der Dunkelheit überfallen und mit Gewalt nehmen, das liegt mir aber weder körperlich noch seelisch, oder sie kaufen. Und du kannst dir nicht vorstellen, was so ein Kind kostet. Je jünger, desto teurer sind sie.«

»Zwei Millionen«, flüsterte Patrizia.

»Du bist besonders billig gewesen.«

»Weil meine Eltern Schwachköpfe waren.«

»Aber du nicht. Du bist später entschädigt worden. Du hast mir auch einige Mädchen vermittelt und deinen entsprechenden Lohn verlangt.«

Patrizia wurde rot und schloß die Augen. Aldara hatte das Gefühl, daß sie diese Antwort herausgefordert hatte, eine Art indirektes Geständnis und die Bitte um Vergebung. Als ihre Blicke sich trafen, sah er Angst und Scham in ihren Augen. Er lachte, ging zu ihr und setzte sich auf die Armlehne ihres Sessels. Und sie schmiegte sich mit einem tiefen Seufzer an ihn.

»Im allgemeinen«, sagte Pietro, »genügt es nicht, das Kind von den rechtmäßigen Eltern zu kaufen. Man muß das Schweigen der Brüder, der Verwandten bezahlen, und man muß mit lachendem Gesicht bezahlen, damit man von allen für großzügig und edel gehalten wird. Man muß sich immer einigen, der Spielraum für Verhandlungen ist winzig, und mit Schlauheit kann man alles verderben. Und die Kosten steigen immer weiter, während die Ware rasch verdirbt. In dem Alter verändern sich die Kinder in wenigen Monaten, und dann sind sie nichts mehr wert, aber man muß trotzdem weiter zahlen. So multiplizieren sich die Kosten. Während die alten weiterlaufen, kommen immer neue hinzu. Die Ware ist knapp, es wird schwierig, Nachschub zu finden. Ich mußte oft aufs Land gehen, um mich zu versorgen, denn in der engeren Nachbarschaft kommt am Ende doch etwas heraus. Vor drei oder vier Jahren hatte ein Gerede angefangen, und ich hatte anonyme Briefe bekommen. Ich mußte ein halbes Vermögen opfern, um alle zum Schweigen zu bringen.«

»Haben sich viele umgebracht von deinen – Freundinnen?« fragte Aldara gegen seinen Willen. Pietro besprach seine Probleme

auf einer völlig irrealen, rein wirtschaftlichen Ebene.
Pietro antwortete nicht gleich. Er seufzte lange und nachsichtig. »Nur Rita. Die von gestern. Ich wollte sie nicht haben, weil sie für ihr Alter zu groß war. Im allgemeinen sind sie mit zwölf noch nicht fruchtbar, aber sie war es. Natürlich wußte ich das nicht, aber irgend etwas an ihr gefiel mir nicht. Leider hatte ihre Mutter sie mir angeboten, zu günstigen Bedingungen. Trotzdem habe ich lange gezögert, bevor ich annahm. Bei Kindern muß man sich auf den Instinkt verlassen, sie sind viel weniger durchschaubar als Frauen. Das glaube ich wenigstens, ich hatte mit Frauen wenig zu tun. Nun, ich gab schließlich nach. Ich steckte schon in großen finanziellen Schwierigkeiten, und der billige Preis hat mich schließlich überzeugt. Ich wollte nicht zur Kenntnis nehmen, daß es Zeit wurde aufzuhören. Ich dachte, ich könnte Patrizia als Tarnung benutzen.«
Schön, dachte Aldara, jetzt ist alles klar, es ist sinnlos, daß er noch weiterspricht. Aber Pietro hätte sich seine Show nicht nehmen lassen, und da er wußte, daß es seine letzte war, wurde er immer ausführlicher.
Er sagte, daß seine Lage katastrophal wurde, als Cesare sich entschlossen hatte, die *Mulini* abzugeben. Vom finanziellen Standpunkt war diese Entscheidung richtig. Mit neuem Kapital konnte die Fabrik saniert werden, aber er, Pietro, stand praktisch ohne eine Lira da, und ohne den Posten des Vizepräsidenten, mit dem er sich hätte sanieren können.
»Ich habe Widerstand zu leisten versucht, aber ich hatte keine Argumente. Niemand, auch nicht Cesare, wußte von meinen finanziellen Schwierigkeiten, und ich konnte sie ihnen nicht erklären. Nach außen führte ich ein friedliches und bescheidenes Leben. Es blieb mir nichts übrig, als Cesare zu beseitigen und dabei den Verdacht auf Viviana zu lenken. So wäre sie von der Erbschaft ausgeschlossen gewesen, und ich hätte die *Mulini* übernommen. Ich glaube, jetzt wißt ihr, wie alles gekommen ist.«
»Ich glaube ja«, sagte Aldara müde. Er hatte einen bitteren Geschmack im Mund und ein brennendes Gefühl im Magen. »Du hast dich bei Vivianas Liebhaber als Cesare vorgestellt und ihn in eine Falle gelockt. Offenbar wußtest du, daß Viviana ihn am vergangenen Samstag früher fortschicken würde.«

»Ich hatte Bianca veranlaßt, dieses dringende Gespräch zu verlangen, um über die *Mulini* zu reden. Ich mußte alles auf die Sekunde berechnen, denn Bianca sollte mir im Notfall als zweite Verdächtige dienen, und daher durfte sie kein gutes Alibi haben. Als ich auf die Straße lief, um Professor Morlacchi zu erwarten, hatte ich kurz vorher Cesare getötet und ein paar Haare von Viviana an seinem Körper angebracht, um den Verdacht auf sie zu lenken . . .« Er brach ab und starrte vor sich hin, als ob er über einem weit entfernten, schwierigen Problem grübelte.
Das gedämpfte und monotone Geräusch des Regens an den Fensterscheiben wurde lauter; wie ein leiser Kommentar voll falscher Bedeutungen, der nur schwer zu überhören war.
Dann holte Pietro tief Luft und sagte leise: »Für alle Fälle hatte ich Rosa gebeten, Morlacchi zu fotografieren, als er den Palazzo verließ. Der Plan schien mir unfehlbar.«
»Sehr genial, gewiß«, bemerkte Aldara gequält. »Wenn der Verdacht auf Morlacchi gefallen wäre, hätte ihn niemand retten können. Und mit ihm wäre Viviana als Komplicin beschuldigt worden. Stimmt das?«
»Mir schien alles so logisch«, sagte Pietro in einem Tonfall, als ob man ihm ungerechte Vorwürfe gemacht hätte. »Er hatte die Gelegenheit und ein Motiv, und dazu kam noch diese unglaubwürdige Geschichte von den manischen Depressionen, die Morlacchi immer hartnäckiger verteidigt hätte, um seine Anwesenheit am Ort des Verbrechens zu erklären. Und niemand hätte ihm geglaubt. Im Gegenteil! Je hartnäckiger er daran festhielt, desto eher schaufelte er sein Grab.«
»Früher oder später«, sagte Patrizia leise, »hätte Morlacchi dich sehen müssen. Entweder schon bei der Voruntersuchung oder spätestens beim Prozeß. Und er hätte in dir den Mann erkannt, der sich bei ihm als Cesare ausgegeben hatte.«
Pietro schüttelte lächelnd den Kopf. »Das war kein Problem. Ich wüßte nicht, warum man bei der Voruntersuchung mich hätte ihm gegenüberstellen sollen. Was hatte ich damit zu tun? Ich war nur der Bruder des Opfers. Der Prozeß hätte in frühestens zwei Jahren stattgefunden, und ich gehöre zur geschädigten Partei, ich bin kein Zeuge. Und wenn Morlacchi mich zufällig im Publikum gesehen hätte, mit dem Bart und vielleicht einer dunklen Sonnen-

brille, hätte er mich mit größter Wahrscheinlichkeit nicht erkannt. Es ist doch ganz natürlich, daß ich meinem Bruder ähnlich sehe. Und wenn er doch noch Zweifel gehabt haben sollte, wer hätte ihm diese lächerliche Geschichte abgekauft? Nein, bis jetzt, da alles herausgekommen ist, hielt ich den Plan für bombensicher. Ich kann einfach nicht begreifen, warum zum Teufel er versagt hat.«

»Das kann ich dir sagen«, warf Aldara ein. »Weil Bradolin seine Pflichten ein bißchen auf die leichte Schulter nimmt. Er beschützt Viviana.«

»Viviana? Warum?«

»Weil wir im Land der Sonne und des Lachens leben. Bradolin liebt Viviana. Wie Dante Beatrice liebte.«

Pietro sah ihn mit offenem Mund an. Dann schüttelte er sich, ehrlich erheitert, vor Lachen. »Aber nein!« rief er lachend. »Das habe ich wirklich nicht vorausgesehen.«

»Es war ein großer Fehler. In dieser Stadt ist es schwer, gegen eine so schöne Frau wie Viviana anzukämpfen.«

»Ich hatte auf dich gezählt. Auf dein Verlangen nach Rache. Auch da habe ich mich geirrt.«

Aldara sah Patrizia an, aber es gelang ihm nicht, ihren Blick einzufangen. »Ich weiß nicht. Gewiß, ich war nicht konsequent«, sagte er und fügte rasch hinzu: »Aber inzwischen ging nichts vorwärts, und Rosa begann lästig zu werden, oder? Sie erpreßte dich und Morlacchi. Früher oder später hätte sie einige verdächtige Bemerkungen fallenlassen, und du wärest gezwungen gewesen, die – sagen wir – Kandidatur von Morlacchi als Schuldigem aufzugeben. Es blieb dir nichts anderes übrig, als das Mädchen zu töten und in Morlacchis Badewanne zu legen. Dann hast du Bradolin angerufen. Aber auch diesmal klappte es nicht. Bradolin bewegte sich mit der gewohnten Ruhe, und inzwischen war Morlacchi abgereist, nachdem er Rosas Leiche aus seinem Zimmer hatte verschwinden lassen. Jetzt begannst du zu fürchten, daß es dir nicht mehr gelingen könnte, Viviana zu belasten. So trafst du Vorbereitungen, um auch sie zu töten.«

»Das war sehr riskant«, sagte Pietro und stand auf. »Das wußte ich sehr gut. Aber ich mußte es wenigstens versuchen.«

Er suchte mit den Händen nach dem Aschenbecher, als ob er ihn

nicht sehen könnte. Dann reckte er die Schultern, ließ die Zigarre auf den Teppich fallen und trat sie mit dem Absatz aus. Eine langsame, nachdrückliche und grausame Geste.
Er sagte: »Gehen wir?« Aber niemand rührte sich. Es sah aus, als ob alle drei Angst hätten, nach draußen ins Freie zu gehen. Aldara fühlte die Schwingungen all dieser finsteren, bestialischen Taten, die immer noch im Raum schwebten, wie ekelhafte Insekten auf der Haut.
»Ich dachte immer«, sagte Pietro, an Patrizia gewandt, die ihn nicht ansah, »daß die Hölle darin bestehen könnte, das eigene Leben in alle Ewigkeit zu wiederholen. Fehler auf Fehler, Sünde auf Sünde, Reue und Leid auf Reue und Leid. Wenn es so wäre, ginge ich gern in die Hölle.« Er wartete einen Augenblick, und als keine Antwort kam, wiederholte er mit einer gewissen Ungeduld: »Also, gehen wir?«

Auf der ganzen Fahrt zur Polizeistation sprach niemand ein Wort. An der ersten Ampel, wo die Landstraße in einem engen Bogen zwischen zwei Häusern in die Stadt führt, ließ Pietro einen leisen, bekümmerten Seufzer hören. Aldara riß sich schmerzhaft los vom letzten Bild Vivianas und warf ihm einen Blick zu. Er erwartete einen Einspruch oder vielleicht einen Rechtfertigungsversuch, aber er irrte sich. Pietro lachte über sein eigenes Spiegelbild in der staubigen Windschutzscheibe, und vielleicht flüchtete er sich jetzt, nachdem er die Partie verloren hatte, in die Hoffnung auf seine persönliche Hölle, die ihn so sehr lockte, wie sich die ersten Christen im Angesicht des Märtyrertodes in der Arena in die Vision vom ewigen Paradies geflüchtet hatten.
Patrizia, die hinter ihnen in einer Ecke kauerte, blickte abwechselnd auf die beiden Hinterköpfe, dabei verweilte sie immer kürzer bei dem von Pietro und immer länger bei den etwas zerzausten Haaren Mario Aldaras. Sie hatte das Gefühl, am Ende eines langen, gewundenen Tunnels angekommen zu sein. Hinter der nächsten Biegung würde sie Licht sehen.
Das wichtigste war, daß Aldara sich in sie verliebte. Vielleicht hatte er es schon getan, ohne es zu wissen, der arme Liebling, dachte sie voll Zärtlichkeit. Der schlafende Prinz, sie würde ihn mit einem Kuß auf die Lippen wecken.

Patrizia besaß die Fähigkeit, sich sehr schnell zu erholen. Ihre schmutzige Geschichte mit Pietro begann schon zu verblassen und hatte immer weniger Bedeutung für die Zukunft, von der sie zu träumen begann.

Auch sie stieß einen Seufzer aus, aber heimlich und unterdrückt, während sie sich den Kampf vorstellte, durch den sie Aldara dazu bringen wollte, sie mitzunehmen.

Sie würde ihn auf der Piazza vor dem *Clementi* erwarten und ihm sagen, daß sie auf keinen Fall voneinander lassen könnten. »Es wäre eine Art Kindermord«, würde sie sagen, »eine noch nicht richtig geborene Liebe zu ersticken.«

Und das würde der schwierigste, der entscheidende Augenblick werden. Er, voller Zweifel und Skrupel, würde sich weiterhin wehren, Viviana vorschützen, seine Müdigkeit, den Altersunterschied und alle seine alten Lebensängste.

Sie würde ihn nicht überzeugen können, wahrscheinlich nicht. Denn eine derartige Szene, auf der Piazza am hellen Vormittag, war ein so anziehendes Schauspiel, daß die Leute auf der Straße ohne falsche Scham ihr Interesse kundtun würden. Und dann würde Mario Aldara, rot vor Verlegenheit, in sein Auto springen und fluchtartig die Stadt verlassen. Aber sie würde ihm mit der Honda folgen.

Auf der Landstraße, die ins Tal hinabführte, würde Aldara plötzlich beschleunigen, um mehr Abstand zu gewinnen, aber sie würde ihn in jeder Kurve überholen und dabei seinen Wagen streifen. Ohne Sturzhelm, lachend und mit offenen Haaren, die im Wind flatterten. Ja, ihre Haare waren weich und lang, von einer schönen Kastanienfarbe mit rosigen Reflexen. Natürlich würde es damit enden, daß Aldara sich in sie verliebte.

Und dann, auf der langen asphaltierten Straße, würde sie ihr kleines Spiel fortsetzen, sie würde ihn erschrecken, indem sie dicht vor seiner Kühlerhaube fuhr, lustig und leichtsinnig und zum erstenmal wirklich glücklich.

Und so, indem mal der eine und mal der andere überholte und sie manchmal dicht nebeneinander fuhren und sich Schimpfworte und Warnungen zuriefen und ständig in der Gefahr schwebten, daß sie zusammenstießen, würden sie vor den Toren Roms ankommen.

Agatha Christie

Agatha Mary Clarissa Miller, geboren am 15. September 1890 in Torquay, Devonshire, sollte nach dem Wunsch der Mutter Sängerin werden. 1914 heiratete sie Colonel Archibald Christie und arbeitete während des Krieges als Schwester in einem Lazarett. Hier entstand ihr erster Kriminalroman *Das fehlende Glied in der Kette*. Eine beträchtliche Menge Arsen war aus dem Giftschrank verschwunden – und die junge Agatha spann den Fall aus. Sie fand das unverwechselbare Christie-Krimi-Ambiente.
Gleich in ihrem ersten Werk taucht auch der belgische Detektiv mit den berühmten »kleinen grauen Zellen« auf: Hercule Poirot, der ebenso unsterblich werden sollte wie sein weibliches Pendant, die reizend altjüngferliche, jedoch scharf kombinierende Miss Marple (*Mord im Pfarrhaus*).
Im Lauf ihres Lebens schrieb die »Queen of Crime« 67 Kriminalromane, unzählige Kurzgeschichten, 7 Theaterstücke (darunter *Die Mausefalle*) und ihre Autobiographie.
1956 wurde Agatha Christie mit dem »Order of the British Empire« ausgezeichnet und damit zur »Dame Agatha«. Sie starb am 12. Januar 1976 in Wallingford bei Oxford.

Von Agatha Christie sind erschienen:

Das Agatha Christie Lesebuch
Agatha Christie's Miss Marple
Ihr Leben und ihre Abenteuer
Agatha Christie's Hercule Poirot
Sein Leben und seine Abenteuer
Alibi
Alter schützt vor Scharfsinn nicht
Auch Pünktlichkeit kann töten
Auf doppelter Spur
Der ballspielende Hund
Bertrams Hotel
Die besten Crime-Stories
Der blaue Expreß
Blausäure
Das Böse unter der Sonne
oder Rätsel um Arlena

Die Büchse der Pandora
Der Dienstagabend-Club
Ein diplomatischer Zwischenfall
Dreizehn bei Tisch
Elefanten vergessen nicht
Die ersten Arbeiten des Herkules
Das Eulenhaus
Das fahle Pferd
Fata Morgana
Das fehlende Glied in der Kette
Ein gefährlicher Gegner
Das Geheimnis der Goldmine
Das Geheimnis der Schnallenschuhe
Das Geheimnis von Sittaford
Die großen Vier
Das Haus an der Düne
Hercule Poirots größte Trümpfe
Hercule Poirot schläft nie
Hercule Poirots Weihnachten
Karibische Affaire
Die Katze im Taubenschlag
Die Kleptomanin
Das krumme Haus
Kurz vor Mitternacht
Lauter reizende alte Damen
Der letzte Joker
Die letzten Arbeiten des Herkules
Der Mann im braunen Anzug
Die Mausefalle und andere Fallen
Die Memoiren des Grafen
Mit offenen Karten
Mörderblumen
Mördergarn
Die mörderische Teerunde
Die Mörder-Maschen
Mord auf dem Golfplatz
Mord im Orientexpreß
Mord im Pfarrhaus
Mord im Spiegel oder Dummheit ist gefährlich
Mord in Mesopotamien
Mord nach Maß
Ein Mord wird angekündigt
Die Morde des Herrn ABC
Morphium
Nikotin
Poirot rechnet ab
Rächende Geister
Rotkäppchen und der böse Wolf
Ruhe unsanft
Die Schattenhand
Das Schicksal in Person
Schneewittchen-Party
Ein Schritt ins Leere
16 Uhr 50 ab Paddington
Der seltsame Mr. Quin
Sie kamen nach Bagdad
Das Sterben in Wychwood
Der Tod auf dem Nil
Tod in den Wolken
Der Tod wartet
Der Todeswirbel
Tödlicher Irrtum oder Feuerprobe der Unschuld
Die Tote in der Bibliothek
Der Unfall und andere Fälle
Der unheimliche Weg
Das unvollendete Bildnis
Die vergeßliche Mörderin
Vier Frauen und ein Mord
Vorhang
Der Wachsblumenstrauß
Wiedersehen mit Mrs. Oliver
Zehn kleine Negerlein
Zeugin der Anklage